斎藤一人
男を上げる女 女を上げる男

斎藤一人・舛岡はなゑ

祥伝社黄金文庫

企画・編集協力　相川未佳
装丁　ＴｗｏＴｈｒｅｅ

はじめに

この本を手にとってくれて、心から感謝いたします。
実業家、斎藤一人さんの弟子、舛岡《ますおか》はなゑです。

私と一人さんとの出会いは、私が20代のころ。病院勤務を経て、新小岩で「十夢想家《トムソーヤ》」という喫茶店を経営していたころです。

地元の友人が集まって夢を語り合う場所にしたい、そんな思いで始めたお店でしたが、2年たっても閑古鳥《かんこどり》が鳴くほど、儲かってはいませんでした。自由気ままに、楽しく生きてきた私が、初めて味わった挫折でした。でも、何の対策も考えないまま、お店を続けていたのです。

そんなある日、この店にひとりの紳士が白いジャガーに乗ってやってきます。その人こそ、累積納税額日本一の実業家、斎藤一人さんでした。

一人さんは、本当に不思議で魅力的な人です。お店に来ては、面白い話をいっぱいしてくれました。さらに、幸せになるための法則をわかりやすく教えてくれました。

「人は幸せになるために生まれてきたんだ」

「幸せになるためには、苦労しちゃいけないよ。それよりおしゃれしてキレイでいることだよ」

「いい言葉を使えば、同じようにいいことが起こるんだよ」

「笑顔でいるんだよ。それだけで、人の心をつかめるよ」

「自分はダメなんて思っちゃいけない。自分の中には神様がいるんだから」

一人さんの言う通りに行動すると、驚くほどすべてが好転していきます。私のお店「十夢想家」も見違えるほど繁盛していきました。私は、楽しいことだけして、成功していったのです。

その後、私は一人さんが経営している健康食品や化粧品を取り扱う「銀座まるかん」の仕事を始めます。一人さんの教えを実践して、仕事をしていたら、江戸川区の高額納税者に名前が載るほどのお金持ちへと転身。今では、実業家としてだけでなく、本を書いたり、全国各地で講演したりと、忙しく働いています。

一人さんって、どんな人？　ってよく聞かれますが、とってもダンディーで、優しくて、カッコいい人。とにかく話が面白い。それにね、すっごく女性にモテるんです。「十夢想家」に来ると、女性のお客さんがいつの間にか一人さんのそばに寄ってきて、まわりを取り囲んでいたことを思い出します。話し上手で、聞き上手な一人さんは、みんなの心をわしづかみに！　会えば、誰でもファンになっちゃう人なんです。

そんなモテ男で大富豪の一人さんと、今回は「男と女」について交互に語っていこうと思います。

どうすれば魅力ある男になれるか、どうすればいつまでもキレイな女でいられるか、どうすれば男女のいい人間関係が築けるか、どうすれば男は女を引き上げることができるのか、男の立場、女の立場、両方からお話しさせていただきます。

今まで本の中で、語られることのなかった「男と女」の謎を、一人さん流のユーモアを交えて公開します。

この本を読めば、恋愛、結婚だけでなく人間関係の悩みはスッキリ解消。そして、男っぷり、女っぷりが、ぐっと上がります。ぜひ、楽しんで笑いながら読んでくださいね。

そして、読み終わったら、身近な人にステキな「魔法の言葉」をかけてあげてください。

斎藤一人　名代《みょうだい》
舛岡はなゑ

目次

第3章
恋を楽しめる男は女のズルさを知っている　斎藤一人

第4章
見た目のキレイな女は多くの人から守られる　舛岡はなゑ

第5章 結婚は男にとっても女にとっても修行の場 斎藤一人

第6章 〝家事をやる女があたり前〟の時代は終わった 舛岡はなゑ

第7章

第7章　お金に愛される男は女にも愛される　斎藤一人

第8章

自分を愛している女は他力を味方にできる　舛岡はなゑ

第1章

カッコいい男は言葉一つで女を上げていく

斎藤一人

女は愛したい動物、男は愛されたい動物

男が女を理解する、女が男を理解する、お互いがお互いを理解しないと、世の中うまくいかないんです。トラブルが多くなる原因はそこにあるんです。

いい男、いい女になるために、男と女、その違いを知っておくことが必要なんだよね。

男女の愛し方から話すと、一般的に、

女は愛されたい動物　男は愛したい動物

っていわれます。「女は愛されてこそ、幸せになる」とか、「男は女を愛していれば満足」とかね。まず、根本的にこれが間違いなの。本当はこれが逆なんです。

本来、

なの。

女は愛したい動物　男は愛されたい動物

歴史を見ても一目瞭然《いちもくりょうぜん》です。国を統一した王や武将、時の権力者は、必ずと言っていいほど、ハーレムを作って、女性に囲まれる生活をしている。大奥では3000人もの女性を城に住まわせていたと言われているんです。

つまり、男は多くの女性から〝愛されていたい〟って思っているの。3000人の女性に愛されることはできても、3000人の女性を愛することなんてできないからね。

一方、女は女王となり、権力を握ったとしても、ハーレムなんか作らなかった。女性にとって〝愛する人〟はひとりでいいのだから。

男って単純なの。「あなたのことが好き」と言われたら、悪い気はしないんです。自分を好いてくれる人がいることで、安心するし、うれしくなっちゃうんだよね。好みじゃなくても、自分を好いてくれる人とつき合っちゃうことだってあるんです（笑）。

これが女性じゃ、そうはいかない。好きではない人に「好きです」と言い寄られると、気持ち悪いとか言って、イヤがっちゃう。何度も告白すると、「あの人ストーカーみたい」って言われかねない。

なぜなら、女は〝愛したい動物〟だからです。

それでね、女の人は、愛する対象があれば、がんばれるものなの。愛する人は、男だけじゃない。子どもが生まれれば子どもへ、ネコを飼えばネコへ。いつも誰かを愛していたい。

女っていうのは、愛したい生き物。そして、男は愛されていたいの。

それをよく覚えておいてください。

「キレイだ」「愛してる」と口に出して言う

女性にモテない、奥さんに嫌われる、部下にバカにされる、そんな男は魅力がないんです。誰もついてこないんだよ。男はね、〝魅力〟がなきゃ、ダメなんです。

では、どうやったら、魅力的な男になれるのか？　それは、まずは話す言葉から変えていくことだよ。

日本という国は「言霊《ことだま》の国」といって、言葉に出すことで、物事を好転させることができる土壌があるの。いい言葉を話せば、本当にいいことが起きちゃう。悪い言葉を話すと、現実に悪いことを引き寄せちゃう。だから、声に出して話す言葉には注意しなくちゃいけないんです。

女性に魅力的に思われたいなら、「キレイだね」「可愛いね」「がんばっているね」って言葉をかけることだよ。とにかく、ほめて相手を楽しい気持ちにさせてあげるんです。

いい言葉を話しているあなたを嫌いになる人はいないんです。それにね、そう言われた女性は、あなたの期待に応えようと、努力してさらにキレイになろうとする。

言葉の魔法ってすごいんです。

奥さんや恋人にもそうだよ。「愛しているよ」「今日はステキだね」「大好きだよ」って言ってみること。言葉に出さなくても、心が通じているから大丈夫なんて、思っちゃいけないよ。言葉にしなきゃ伝わらないんです。

言葉に出すのは、タダなんだから、ドンドン言っていいの。誰も損をすることはないんだから。

それにね、本当に思っていなくてもいいんです（笑）。言われた女性は、ウソだとわかっていても悪い気はしないんだから。

魅力のある人になるためには、言葉の魔法をいっぱい使うこと。もちろん、自分にもかけておくの。

まずは、「オレは幸せだ」「私は幸せです」と言ってみてください。たとえ、借金に追われていても、親が病気で入院していても、大失恋をしていても、「幸せ」って声に出して言ってください。辛いことも不幸ではない。

今、人生の修行をしていると思うことです。

そうすれば、幸せの波動が寄ってきます。そして、どんなことにも幸せを感じられるようになってくるの。

「住む家があって幸せ」「ご飯が食べられて幸せ」「今日は晴れて幸せ」ってね。

そう思えるようになれば、魅力的な人に一歩近づくことができるんだね。

上に上がる女を引き止めるから男はダメになる

男って、勝手なんだよね。自分より上に行こうとする女性を止めにかかる傾向にある。これがよくないんです。

女性はね、最初は自分より上だと思う男に惚《ほ》れるものなんです。ただ、今は女性の方が勉強家なんだよ。向上心のある女はね、スポンジみたいなもんで、知識を吸収して、大きくなって上へ上へ上ろうと、努力するの。

それでね、どんどん男より賢くなっちゃうんだね。

女性が何かを学ぼうとするとき、男が止めにかかっちゃう。これが何よりいけないんです。

今や、女の方が進化しているんです。成長したいとがんばっている女を助けてあげるのが、男の度量《どりよう》というものです。

男はね、度量が大きいことが大事。知識を吸収して上へ上がろうとする女を、「もっと上がれ、もっと上がれ」って押し上げてあげる。こういう器の大きい男を、女性は魅力的だと感じるんです。

例えば、奥さんがパートで働きたいと言ったら、それを旦那が止めちゃダメだ。「家事はきちんとできるのか？　オレは手伝わないよ」ではなく、「社会参加はいいね。できる範囲で、やってごらん。できることはやってあげるから」

と応援するんです。背中を押してあげるの。カッコいいでしょ。

社員旅行に行くと言えば、

「オレの飯はどうするの？　そんなのやめちゃえ」ではなく、

「たくさん、遊んできな。家のことは心配しなくていいからね」

と、快く送り出す。よく考えてください。そういう旦那は、嫌われるはずがないんです。

起業したいと言ったら、

「おまえはスゴいね。やりたいことがあるのはいいことだね。応援するからがんばりな。ダメならオレが食わせるから」

こんな言葉を聞いたら、奥さんは惚れ直しちゃうよ。

奥さんが楽しもう、がんばろうとしていることを旦那が邪魔しないこと。邪魔するから、離婚されちゃうんです。

わかるよね、男は女には勝てないんです。特に、21世紀は女性が活躍する時代。女性の活躍を押し上げるような男にならなきゃいけないんです。そういう男を、女性は必死で助けてくれる。

才能を伸ばして、魂の成長を手伝ってくれる人に惚れないワケがない。

女性を押し上げる男になれば、惚れられ続ける男になれるんです。

いい車を持つより、いいバッグを持っている女を連れて歩け

いい男を見極めるには、隣に連れている女性を見てみることだよ。

いくら高級な時計をして、いい車に乗っていても、暗い服を着て、下向いているような女性を連れていては、男はカッコよく見えないんだよ。

例え、自分はTシャツ、ジーパン姿で、軽自動車に乗っていても、キレイで華やかな女性を連れていたら、「あいつ、スゴいな」って、一目《いちもく》置かれちゃうんだよ。その女性が、ブランドのバッグでも持っていたら、なお男の株は上がるんです。

まわりを見てもわかるよね。野球選手やサッカー選手、IT企業の社長だってそう。景気のいい男は、みんなが憧れるような美しい女性を手に入れている。

世の中の見方って、そういうものなんです。

もちろん、女性も努力してキレイでいなきゃいけないよ。いいことを教えよう。

女性はね、「キレイになることが仕事」なんです。

みんなキレイなものが大好きなんだよ。キレイなものを見ると、安心するし、心まで穏やかになるの。

女性がキレイになることを、支えてあげるのが男の度量です。キレイになることを応援しなくちゃいけないんです。

奥さんが、

「今日、夏のワンピースを新しく買っちゃった」

って言ったとき、

「何だ、おまえだけ買って」

なんて言ったら、男がすたるよ。

「この夏は1枚しか買ってあげられないけど、来年には、2枚買ってやれるよう、がんばるからな」

って言ってあげてください。このひと言で、どんな奥さんも、この人と結婚してよかったと思うはずだよ。

そして、有言実行。男は次の年は2枚買ってあげられるよう稼ぐんです。奥さんを毎年キレイにしてあげる、輝かせてあげる、これこそが、魅力的な男なんだよ。こんな男はね、女性だけじゃない、まわりのみんなも、世間もそして、神様もほっとかないよ。この男のファンになっちゃうんだよ。

神様から愛された人は、強い運を引き寄せることができるんです。

第2章

強い女から男は離れることができない

舛岡はなゑ

天国言葉で、いい男を引き寄せる

成功している男性や自信のある男性は、明るくて前向きで、会うと元気になってしまう女性が大好きです。では、そんな女性になるために、具体的にどんな言葉を言えばいいのでしょうか？

毎日のように言ってほしい言葉があります。それが「天国言葉」です。

「愛してます」
「ツイてる」
「うれしい」
「楽しい」
「感謝してます」
「幸せ」

「ありがとう」

「ゆるします」


　このようないい言葉を口ぐせにしていると、ステキな男性はもちろん、いい運も大きなお金も、絶好の環境も手に入れることができます。

　いつも元気にしてくれる、会うと楽しくなる、いっしょにいると元気がみなぎってくる、そんな女性とは離れられないのです。

　この天国言葉を使って、旦那様やパートナーをドンドンほめてくださいね。

「こんなステキなあなたと出会えるなんて、**私はツイてるわ**」

「毎日、お仕事がんばってるね。**感謝している**」

「あなたといて、**ホントに幸せよ**」

「あなたってスゴいよね。そんな**あなたが大好き**」

　こんな言葉をかけられた男性は、女性を幸せにしてあげようとがんばるものです。

　もちろん、女性に対しても同じように天国言葉を話してみてください。今までと違う、人間関係が築かれていきます。

反面、言ってはいけない言葉もあります。それが「地獄言葉」です。

否定する言葉、悪い言葉、悲しい言葉を口にすると、元気を奪い、不幸な気持ちにさせてしまいます。

「恐れている」

「ツイてない」

「不平不満」

「愚痴・泣き言」

「悪口・文句」

「心配事」

「ゆるせない」

こうした地獄言葉は、自分もまわりも暗くなり、気分も悪くなります。魅力的なあなたは、決して言わないように。

相手が落ち込んでいたら、

「あなたらしくないわ。大丈夫、大丈夫」

「あなたならできる！　信じてるよ」

と、声をかけてあげてください。

そして、低次元のうわさ話に参加しないこと。魅力的な女性は、自分の魅力磨きに忙しいのです。

天国言葉を使えば、天国言葉を使いたくなるような幸せなことがたくさん起こります。反対に、地獄言葉を言っていると、もう一度言いたくなるイヤな出来事が起こります。

「天国言葉」と「地獄言葉」、どちらを言えば人生がうまくいくかは、一目瞭然ですね。

男が求めているのは、母のような強い女

男性を魅了する女性って、楚々《そそ》としたおとなしい女性だと勘違いしていませんか？ でもね、男性の意見に従い、黙って三歩後ろを歩くような女性は今や、化石です。

ステキな女性、モテる女性は、強い意志を持っています。魅力的な女性になりたいなら、自分の意見はきちんと伝えること。男性に合わせ過ぎると、自分を持っていないと思われて倦厭《けんえん》されてしまうので、要注意です。

強い女性の象徴は、なんといっても〝お母さん〟なのです。男性は常に自分のお母さんを理想に思っているもの。

お母さんって、ただ優しいばかりじゃないでしょ？ ビシビシ叱ったり、いい方向へ誘導したりしてくれる。それに、落ち込んだとき勇気を奮い起こしてくれ

る頼れる存在でもあります。

今、男性が求めているのは、お母さんのように強くて、引っ張っていってくれる女性なのです。

今の男性って、デートに行くときも「どこに行こうか?」と迷って、なかなか決められなかったり、食事に行くときも「何がいい?」と彼女任せだったりするんです。ここで、「私も決められない」なんてグズグズしていてはダメ。「ディズニーランドに行きたい」「パスタが食べたい」とハッキリ言って、引っ張ってあげることが大事なのです。

結婚しても、自分がやりたいこと、したくないことはきちんと伝える。「仕事がしたい」「高層マンションに住みたい」「朝食は毎日作れない」「家事は苦手」ってね(笑)。

そして、ご主人が決めかねていることも、いい方向へ持っていく。女性が主導権を持った方がいいんです。

一人さんはこんなことを言っています。

世の中には二種類の女性しかいないんだ。
一種類は、強い女。そして、もう一種類は「ものスゴく強い女」。
ものスゴい女性を男性は心の中で求めているのです。
そういう女から男は離れることができないんだよ。

本当は強い女性なのに、本当の自分を押し殺して生きているから、本来の魅力が出せないのです。だから、あなたの素のまま、ありのままの強い女でいいんです。そして、今よりもっと強い女になりましょう！

いつでも男が安心できる「相槌《あいづち》上手」な女になる

一般的に、コミュニケーションをうまくとるためには、「話し上手」より「聞き上手」になりなさいと、言われますよね。

でも、一人さんは

「聞き上手だけでは、魅力的な人にはなれないよ」

と教えてくれました。

「例えば、ドライブしていたら、顔が見えないよね。相手が聞いているのか聞いていないのか、わからないでしょ？」

確かに。

「だからね、きちんと、相手の話の合間に相槌を入れられる人がいい。誰もがこういう人と、話がしたいんだよ」

「うんうん、そうだね」「それはスゴいね」「なんてステキなの！」「え〜そんなこともあるのね」「わ〜すばらしいアイデアね」「それからどうなるの？」

こんなふうな相槌をされると、話もはずみます。そして、「また話をしたい」って思うようになるのですね。

相手が喜ぶ言葉で、うまいタイミングで相槌を打つこと。もちろん、自分の思ったことは「そうなんだ。私はこう思うな」と、きちんと意見や気持ちは伝えてくださいね。相手に合わせてばかりいると、つまらない女になってしまいますよ。

一人さんはホントに、相槌上手。誰といても話がはずみます。

以前、漁港に行って漁師のおやじさんと1時間も立ち話をして、盛り上がっていたんです。そばで見ていた若い漁師さんが「おやじさんは、寡黙《かもく》でほとんどしゃべらない人なんです。こんなに話をするのを初めて見ましたよ」って、驚いていたほど。

寡黙な人を饒舌《じょうぜつ》にするくらい、一人さんの話術はスゴかったのです。

魅力的な女性というのは、どんなときに何を言うかで決まってしまいます。日頃、自分が何を考え、何を思っているかが勝負です。

ぜひ、一人さんの本をたくさん読んでください。また、YouTubeも聞いてみてください。

どんな人が魅力的なのかが、わかってきますからね。

誰よりも自分を愛することから

「人をうまく愛せないんです」「愛し方がわからなくなっている」。こんな相談を受けることもあります。

今まで恋人がいないという20代のMさんもそのひとり。話を聞くと、高校時代は韓国アイドルが大好きだったそう。でも、実際、まわりにいる男の子はアイドルのようなイケメンではありません。そのうえ、自分から積極的に行動して、出会いの場を求めることもしていませんでした。それでは、恋人ができないのも当たり前。

自分から積極的になれないのはなぜかと問うと、〝自分に自信がなく、自分が好きになれない〟という理由でした。

人を愛せないと言う人には、共通点があります。それは、自分を愛することができない人なんです。自分はダメだと否定したり、自分を責めてしまったりしているのです。

自分を愛せないという人に、一人さんが教えてくれた魔法の言葉をお伝えしましょう。この言葉を、何度も言ってください。声に出して言うことで、だんだんできるようになってきます。

もっと自分を愛します。
そのままの自分をゆるします。

人を愛する前に、まずは自分を愛することから！　いっぱい自分を可愛がって、甘やかしてあげてください。そのためには、やりたいことを誰にも遠慮しないでやってみることです。

行きたかったおしゃれなカフェでお茶するもよし、やってみたかったウクレレに挑戦してもいい。会いたかった同級生に連絡するとか、そんなささいなことでもかまいません。自分がしたいことを、ちょっと勇気を出して行動に移してみるのです。そしてね、好きなことはドンドン増やしていいんですよ。

さらに、今の自分、今日の自分をいっぱいほめてあげましょう。

「朝、きちんと起きられた私は偉い！」「1日、ゴロゴロ過ごしている私も可愛い」「今日の私はとってもキレイ！」ってね。

楽しみが多い人ほど幸せで、男性からもモテるのです。

先ほど例に挙げたMさんにも、自分を愛して、好きなことを楽しむようアドバイスしました。自分を大切にして、好きなことを楽しんだMさん。自信を身につけた彼女は、自分から積極的にパーティなどに足を運びました。そして、理想通りのステキなイケメンとの出会いがあったそうです。

幸せな気持ちの人には、同じように幸せな人が引き寄せられる。あなたが幸せでいなきゃ、魅力的な人は現れないのです。

第3章

恋を楽しめる男は女のズルさを知っている

斎藤一人

モテる男、モテる女の三原則

男の人からの相談事で一番多いのは、「どうしたらモテるんでしょうか？」っていうものなんだよね。

中には、「生まれてから一度も彼女がいないんです」とか、「結婚したいけど、どうやれば結婚できるのかわからない」と言う人もいる。この世に、男と女が約半分ずついるというのに、一度も女性とつき合っていないなんて、これは問題だよ。いい男はね、いい女を隣に連れていなくちゃいけないんです。

では、モテるためには、何が必要か？　この本で特別に、モテ男になるための三原則を教えておきます。

まず、第一に「優しい」。優しくなければ、今の世の中、相手にもされないからね。

第二に「強い」。弱い男は女性には魅力的に見えないんです。そして、最後が一番大切なんだけど、意外とできない人が多い。よく覚えておいて。何より必要なのが「手が早い」ってことなんです。手が早くなくちゃ、ホント、モテないんだよ。

まぁ、手が早いといっても、見境《みさかい》なく手を出すことじゃないよ（笑）。好きな女性ができたら、「週末は何してるの？」「今度、海に行かない？」って、先手を打って誘ってみること。ひと声かける勇気が必要なんです。

〈モテる男の三原則〉

1 優しい

2 強い

3 手が早い

ちなみに、モテる女の三つの条件も教えておきましょう。

第一に「可愛い」。やはり第一印象は大事ですからね。

第二に、「優しそうに見える」。実際、優しくなくても、そんな雰囲気さえ持っていればいいの（笑）。

そして三番目は、やはり一番大事。そう、もうわかっているよね？　「手が早い」ってことです（笑）。興味がある男性がいたら、自分から近寄っていくことなんです。

気になる男性に、視線を送ったり、目配せをしてみたり、さりげなく自己アピールするんだよ。「あなたの趣味は何？」って話しかけたり、「今日のシャツ、ステキね」とほめてみたり、何かアプローチをしてみてください。〝自分に興味があるのかも〟と、男性に思わせることが大事なんだよね。〝気があるかも〟と感じると、男性もその女性を誘いやすいからね。

〈モテる女の三原則〉

1 可愛い

2 優しそうに見える

3 手が早い

昔は、まわりがお膳立てして、お見合いとかで結婚することができたけど、今は時代が違うんです。恋もスピードの時代。待っていて相手がやって来るわけではないの。だから、何より〝手が早い〟が必要なんだよ。

男は仕事をやらなきゃ女を幸せにはできない

恋愛は大事だけどね、男は仕事を一番に考えるべきだよ。とにかく男は仕事です。

「私と仕事、どっちが大事？」

と言われたとき、「おまえだよ」なんて言う男はやめた方がいい。

男は原始時代から〝狩り〟をしていたよね。狩りをして、女や子どもを守ってきたんです。狩りの場所は変えることがあっても、狩りをやめるわけにはいかなかった。

つまり男は、仕事を辞めるわけにはいかないんだよ。今の職場が気に入らないなら転職してもいいんだよ。今までとは違う仕事に変えてもいい。だけど、問題なのは、狩りに行かないことなんです。

お金を稼ぐために仕事をしなくちゃいけないいんです。だって、仕事をしてお金を稼がなきゃ、愛する人も、もちろん自分だって幸せにはできないからね。

私は、常々「好きなことをやりな」「イヤなことはやらなくていいよ」って言ってるけど、仕事だけはきちんとやりなさいと明言している。

そしてね、今の仕事がイヤなら、イヤな部分の中で、楽しいことを一つでも見つけること。仕事を楽しいものにすべきなの。会社へ行くのがイヤなら、可愛い受付嬢に会いに行くのを目的にしてもいい、社食のランチを楽しむでもいい。とにかく、職場へ行く楽しみを見つけることだよ。

余談になるけど、恋愛したいなら、男も女も肉を食わなきゃダメだよ。肉が足りないとどうなるか知ってるかい？　草食動物を見ているとわかるんだけど、ビクビクして弱くなっちゃうんです。野菜ばかり食べていると、いつもおどおどして、パワーが出なくなる。そのうち、引きこもりになっちゃうよ。

もちろん、「肉ばかり食べろ」なんて言ってはいないよ。バランスが大事です。ただ、太るから、身体によくないからと肉を食べないでいると、欲がなくなってきちゃうの。恋をする意欲、働く意欲までもなくなるからね。がんばりたいときは、肉を食うの。

いずれにしても、仕事をしないヤツは、女に惚れちゃいけないんです。大工でも、警備員でも、サラリーマンでも、国会議員でも、職は何でもいいんだよ。仕事をしていれば、みんなが偉いんです。職業に差別はない。

幸せになりたいなら、きちんと仕事をすることから始めるべきだよ。

女のズルさをわかってあげるのが男の器《うつわ》

女はズルい、だけどスゴく可愛いっていうこと、知ってるかい？

これを理解していると、女性とつき合うのが、うんとラクになるんです。

例えば、キャバクラ嬢が自分の誕生日になると「ヴィトンのバッグ欲しい」とか言うんだよね。ただね、あなただけに言っているわけではない（笑）。ごひいきさん全員に同じことを言うんだよ。

誕生日になると同じバッグが10個くらい来るんです。1個だけを残して、あとは全部売り払っちゃう。そして、常にヴィトンのバッグを持っていて、「このバッグ、あなたからもらったのよ。大切に使っているわ」と言うんです。そう言われると、男はメロメロになっちゃうの。

そんなズルいところが、可愛いんです。

結婚すれば結婚したで、またズルいんだよ。

「あなたがいなかったら、生きていけないわ」って言っておきながら、次の日には旦那を生命保険に入れてるの。もう、〝生きる気十分〟なんだよ（笑）。そこがまた可愛いんです。

ホントに女性は特殊な生き物なの。

旦那が働いた分は、すべて奥さんが管理して、旦那には子どもと同じように〝お小遣い〟をあげる。なのに、自分がパートへ出たら、そのお給料は自分が全部使っちゃう。自分の働いた分を旦那に半分あげようとは絶対思わないんだよ。

富を得た旦那が不倫したときもそう。不倫を理由に、離婚になったとする。離婚条件として、巨額な財産をすべて自分のものにしたうえで、月々の生活費もよこせっていうのが一般的な女性なんです。

こんなズルい女を〝可愛い〟と思ってくると、視野がグッと広がるよ（笑）。

男は女に色情《しきじょう》が向くけど、女は男に向かないの。女の色情は、物に向かうんです。宝石が欲しいとか、服が欲しいとか、靴が欲しいとかね。しまいには、デパートごと欲しいと言うくらいなんです（笑）。

そういうことがわかっていると、扱い方も変わってくる。

「おまえばかり何で服を買うんだ」と怒ることなく、「また、買ってあげられるように仕事をがんばるよ」って言える男になれるの。

男の理論と女の理論は違う。これをわかると、男も女もお互いが幸せになれるんです。

〝女はウソが上手〟だと認識するべき

男の浮気がすぐばれてしまうのは、なぜだかわかるかい？　ついたウソが奥さんや恋人に見抜かれているからなんです。

なぜ見抜かれているか？　それは女性が、ものスゴいウソつきだから（笑）。女性は男より、1枚も2枚も上手《うわて》なんです。自分もウソをついているから、相手のウソがすぐにわかっちゃう。

そのうえ、女性が図々しいのは、ウソがばれなきゃ、それでOKだと思っているところ。旦那のお給料から宝石を買っても気づかれなきゃ買ったことさえ旦那に伝えない。

浮気をしていてもそう。旦那にばれなきゃ、浮気なんてしていなかったことになっている。ビクビクすることもなく、悪びれることもないんです。

それもね、女のズルくて可愛いところなんだよ。

つまり、男は女には勝てないんです。女性から生まれているのだから、仕方ないのかもしれないね。

〝男のウソは簡単に見抜かれる〟と覚悟することだね。

女はとにかく、スゴいんです。だって、女は裸になったらお金をもらえるけど、男は裸になったら捕まっちゃうでしょ（笑）。たとえ、浮気したって自分でお金は一切払わないよね。男が全部払うことになる。

女は女でいるだけで価値がある。

私だって、次に生まれ変わるとしたら、女に生まれてみたいよ。まぁ、それはジョークだけど（笑）。

これからの世の中、さらに女の方が有利になっていくよ。そして、女は〝自分に価値がある〟ということをわかって、キレイでいることだよ。とにかく男はキレイな女性が大好きだからね（笑）。

誰でも初めは、見た目から惹《ひ》かれていくんだよ。性格のいい子が好きと言うけれど、第一印象では性格なんてわからない。とにかく見た目なんです。

もともと容姿が整った美人な子はいるけれど、美人でなくてもキレイにはなれるよ。何より手をかけて、努力することが大事なんです。

この点は、男も同じこと。ボサボサ頭で、汚れたTシャツ着ていたら、どんなに性格よくても女の子は近寄ってくれないからね。どんなにお金を持っていても、サンダル履きの人は一流レストランに入れないんだよ。

女だけでなく、男だって身なりには気をつけるべきです。

神様って、キレイなものが好きなんです。キレイになろうとしていると、応援してくれるんだよね。つまり、キレイになると、運も開けるってことだよ。

第4章

見た目のキレイな女は多くの人から守られる

舛岡はなゑ

女は見た目から幸せをつかむ

1章の一人さんの話を読めばわかるように、女性は「キレイになるのが仕事」。

だから、思いっきり自分の見た目を磨いてほしいんです。

私は、20代のころ「十夢想家《トムソーヤ》」という喫茶店を開いていて、そこで斎藤一人さんに出会いました。物知りでお金持ちの一人さんは、どんな質問でもすばやく的確に答えてくれました。あまり儲けのない商売の現状を打破したいと思っていた私は、一人さんにこんな質問をしました。

「幸せになるために最初に何をすればいいんですか？」

そのとき、一番初めに教えてくれたのが
「幸せになるのは、実はスゴく簡単なことなんだ。見た目をよくするだけでいいんだよ」

という言葉。

「普通、外見だけキレイでも、心がともなわないのでは意味がないと思うでしょ？　でも、内面をキレイにする一番の近道は、まずは外側からキレイにすることなんだ。見た目を変えると心の中がワクワクして明るく、キレイに変わるんだよ」

もともとおしゃれが大好きだった私は、うれしくなって、キレイになる努力を始めました。

見た目が美しいと、内面から光り輝き、第一印象が変わってきます。第一印象が変わると、出会う人も変わってくるんです。中身がいくらよくても、第一印象が悪ければ、仲よくなりたいとは思いません。

幸せをつかみたいと思ったら、まず見た目。見た目が100％なのです。

20代の男性に向けたあるアンケート調査で、「おばさんとお姉さんの境界線は何か」という質問を見たことがあります。その中で〝自分を磨いて、キレイにしている人は、年齢に関係なくお姉さんに見える〟という意見が圧倒的に多かったんです。

人は年齢ではなく、見た目だということがわかりますね。自分をキレイに保っている人は、年齢に関係なく〝お姉さん〟に感じるものなのですね。

では、どんな見た目なら幸せになれるのか、これも一人さんに聞いてみました、すると、

「特に人は、肌のつやが大事なんだ。つやつやに輝いてないとね。それから、華やかでキラキラして、見ていて元気やパワーをくれる笑顔の人だよ。女性だけじゃない、男だってそうなんだよ。こういう人が、運を引き寄せるんだよ」

なるほど。見た目をよくするキーワードは、「つや、キラキラ、笑顔」の三つなのですね。次のページでは、その磨き方をお教えしましょう。

つやを出すことからキレイを始める

顔を大切にしている人は、仕事も人間関係もうまくいく。

幸運を引き寄せるには、福相《ふくそう》になることだよ。

福相になるためには、まず顔につやを出して、輝いた顔になること。

男性だって女性だって、人生うまくいっている人を見てごらん。みんな顔がつやつやしているから。


一人さんから教わって、まわりを見てみると、運がいい人、幸せをつかんでいる人、お金を持っている人、権力のある人は、必ず肌につやがあるんです。

一人さんと出会ったばかりのときに、この話を聞いた私。その言葉を信じて、さっそく実行に移しました。一人さんの教えに従って、つやを出すため、肌にたっぷりとつや出しクリームを塗って、毎日仕事をすることに。すると経営していた喫茶店は繁盛し始め、みるみるうちに幸運をつかんでいきました。

その後、一人さんの弟子になり、「銀座まるかん」の仕事を始めますが、つやを出したことで、仕事だけでなく、恋も、遊びも、とんとん拍子にうまく運んでいったのです。そして、たったの3年で江戸川区の長者番付に名を連ねるほどの実業家へ転身しました。

最速で運をつかみたいなら、「つや肌」になること。とにかく、だまされたと思って、やってみることです。

「つや肌」になるため、基本的には、洗顔後、朝と夜2回、たっぷりと、オイルやクリームをつけるだけ。ただし、こんなにつけていいの？　と思われるくらい、たっぷりつけるのがポイントです。

オイルは、スクワランオイルやオリーブオイルなど、自然素材のものを使います。私の場合は、銀座まるかんの「ひとりさんホワイトクリーム」や「カミバランスクリーム」を愛用しています。

つやが足りない、ちょっとかさついてきたなと感じたら、メイクした上からでもクリームをひと塗りしてください。常につやつやであるよう、心がけましょう。

「つや肌」のために、長年研究を重ねた私は、つやを出しながら、より愛され顔になり、さらに運も開ける「美開運メイク」というメイク法を考案しました。講座を開いたり、アーティストを養成したり、「美開運メイク」のためのメイク本も出しています。美しくなって、運もつかみたいという方は、こちらも参考にしてくださいね。

顔につやが出ることで、自信を持って人と会えるようになるんです。

不思議でしょ？　そして、まわりから大切にされるようになり、気持ちも変わってきます。

〝仕事も遊びもがんばろう〟という気分になって、不思議なパワーがもらえるのです。

キラキラ、華やかな装いで他力を味方につける

キラキラ光るアクセサリーを身につけると、幸せになれるよ。キラキラ自分が輝けば、自分も楽しいし、まわりの人も楽しくなるんだ。

こんな一人さんの教えを受けて、私も、そして仲間たちもいつもキラキラ輝くアクセサリーを身につけるようにしています。

アクセサリーは自分やまわりを華やかにするだけでなく、実は「魔よけ」の効果もあるのです。

その昔、王様たちは、さまざまな宝石を身につけていたでしょう？　なぜなら、光るものは、災いを寄せつけないといわれていたからなのです。魔よけの効果がある宝石で、身を守っていたのです。キラキラの宝石は、昔から幸せになるための必須アイテムだったんです。

宝石は、イミテーションでもOKです。自分が購入できる範囲のアクセサリーでかまいません。遠くからでもキラキラが見えるように、恥ずかしがらずに、大ぶりのアクセサリーを選んでください。

大きくて、美しいアクセサリーは、自分だけではなく、見る人も華やかな気持ちにさせてくれるからです。美しいものは、他力を引き寄せることができます。まわりのみんなが味方についてくれるというワケです。

さらに、くすんだ色、暗い色の服は着ないようにしています。白、ピンクやブルー、イエロー、赤など色鮮やかな服をセレクト。黒を着るときは、洗練された装いに見えるよう、いつもより華やかなアクセサリーをつけるようにしています。

女性はキレイになることが仕事なんだから、どんどんキレイになるべきだ。神様はキレイになろうとする人を応援してくれるよ。

と一人さんは言ってくれました。

キラキラ、華やかな女性には、多くの人の助けがあるのです。自分を宝石のように輝かせることで、他力を味方にしませんか？

神様に見せるような笑顔で、人を魅了する

人が愛される顔になるためには、表情も大事です。中でも、〝笑顔〟が一番効果的です。だから、どんなときでも美しい笑顔を絶やさないことです。

いつも楽しく、幸せになるには、
何より笑顔でいることが大切なんだよ。
笑顔のままで暗い言葉を使ったり、
イヤなことは考えられないでしょ。
ずっと、笑顔でいれば、
自然に人からもお金からも愛される顔になるんだよ。

と一人さん。ところが、笑顔になるって、意外と難しいもの。実は、美しい笑

顔って、訓練が必要なんです。

作り笑いや苦笑いはNGですよ。どんな微笑《ほほえ》み方が美しいかというと、それは「観音様のような笑顔」。優しくて、ほんわか、あったかい気持ちになれる、そんなこぼれるような笑顔です。

毎日、鏡に向かって口角《こうかく》を上げて、優しく笑ってみてください。歯磨きをした後、メイクをした後、顔を洗った後、鏡を見たら一度は笑う練習をするんです。

そして、会う人にはその微笑みで挨拶してみることです。ご近所の方、交通整理のお兄さん、駅員さん、そして会社のみんなにも、美しい笑顔を振る舞ってみてください。そして、向こうが微笑み返してくれたら、大成功ですよ。あなたもうれしい気持ちになるでしょ?

笑顔って、一つ花が咲けば、つぼみが開くように次々と咲いていくものなんです。

笑顔がうまくなったら、立ち振る舞いも変えていきましょう。しぐさや物腰で、品の良し悪しがわかるもの。お手本にする人を見つけるとわかりやすいものですよ。

もし、憧れている人がいたら、一歩でも近づいて真似したらいいよ。そういう人生って楽しいよ。

そう一人さんから言われたことがあります。

一人さんは、ハンフリー・ボガートや片岡千恵蔵《かたおかちえぞう》が好きなのだそうです。顔やスタイルが抜群にいいワケでもない、だけど他を圧倒する存在感がある。それは、ひとえにその人が醸《かも》し出す魅力なのだと思います。

あなたも憧れている人がいるはずですよね。女性なら、オードリー・ヘップバーンとか、今、人気の日本の女優さんかもしれません。身近にいる先輩や習い事の先生、料亭のおかみやカフェのオーナーでもいいでしょう。

見た目だけではなく、背筋を伸ばし歩く姿、手を添えて微笑むしぐさなど、いいところをよく観察してみてください。ステキな部分を真似ていくと、自然と憧れの人に近づいていくものです。

いいところを見習うことで、あなたらしい魅力が作られてくるのです。

心を変えようと思わなくても、「つや、キラキラ、笑顔」の三種の神器《じんぎ》を身につければ、必ず〝心〟まで美しくなります。まず女性は、見た目から！　魅力的になる最短の方法ですよ。

第5章

結婚は男にとっても女にとっても修行の場

斎藤一人

相手を変えようとしないことが大事

人間関係を学ぶために、私たちはこの世に生まれてきているんです。すべては修行なんです。

その中でも最大の修行になるのが「結婚」です。

不思議なことに、世界で一番相性の悪い人と出会うと、結婚しちゃうんだよね。

相性の悪い相手と出会ったとき、特別なホルモンが分泌《ぶんぴつ》されちゃうワケ。このホルモンが出ると、脳が一時的に錯乱《さくらん》しちゃうんです。これを私は「ヘナモン」と名づけたんですが、この「ヘナモン」が強力なんだよ。相手がひどければひどいほど、バンバン分泌されて、離れられなくなるんです。

相手を親に会わせると、親はヘナモンが出ないので、「あの男はよくない」「何だあの女は！」って大反対するんです。それでも、親の反対を押しきって、この人しかいないって、結婚しちゃう。

ところが、結婚するとね、このヘナモンが減りだすんです（笑）。減ってくると、親と同じように、ダメ男、ダメ女にしか見えなくなる。「何でこんな人と結婚したんだろう？」ってね。

これは、私の論理だから、信じない人は信じなくてもいいですが。

そして、結婚すると、相手は自分がイヤなことはたいがいします。束縛されるのがイヤな人には、束縛します。ゴロゴロされるのがイヤな人は、ゴロゴロされちゃう。結婚するまでギャンブルなんてしなかったのに、いきなりギャンブルをやり始めます。

ここで、後悔しても遅いんだよね。親の反対を押しきって結婚したから、すぐには別れるワケにはいかないの（笑）。

結婚って、とにかく大変です。ただね、私は結婚することには、反対しません。だって、「結婚する幸せ」と「離婚してスッキリする幸せ」を二度も味わえる（笑）。さらに、人生の修行になるんだから。結婚はしていいんです。

「夫婦関係がよくなる方法はないんですか？」とよく聞かれるので、いい方法を教えましょう。

まず、相手に絶対期待しないこと。

「これからは僕がゴミを出すよ」って旦那が言ってくれたとする。でも、二日酔いの翌日、出さないということもあるよね。期待すると怒りたくなるから、初めから、期待しない。すると、やってくれたとき、感謝することができるんです。

そして相手を変えようとしないこと。

相手を変えようとするのは、時間の無駄だよ。そのうえ、変わらないことにイライラしちゃう。それより、自分が楽しく生きることを考えた方がいい。

育ってきた環境が違う人が、いっしょに住むんです。考え方が違うのは当たり前と思うことだよ。

例えば、私は商人の家で育ったの。だから「水持ってこい」って言われたら、必ず「はい！」って返事してから、水を持っていく。返事をしないと怒鳴られたもんだよ。

ところが、「水を持ってきて」って言って、返事をしないで水だけ持ってくる人もいる。その人の家では、これが普通なんだよね。

育った環境が違えば、こんな小さなことだって、違ってくるんです。ここで、怒鳴ったら大変なことになるよ（笑）。

他人同士が同じ屋根の下に住むんです。違うことが多いのは当たり前って考えた方がいいんです。

そして、どうせ修行するなら、「この人がいい」と思える人と結婚することだね。修行と思えば、辛いことも耐えることができるだろ？

奥さんも愛人も幸せにするのが真の男気

魅力があると男はね、女性がほっておかないんです。結婚していても、大勢の女性が集まってきちゃうものなの。前にも言ったけど、「男は愛されたい動物」だからね。

私は人格者じゃないから、愛人を作っちゃいけないとは言いません。ただし、奥さんも愛人も同じように愛してあげることだよ。ここが大事なんです。

奥さんには、指輪一つ買ってあげないくせに、愛人には山のように宝石をプレゼントするような男じゃカッコ悪いよ。一夫多妻のイスラム教の国では、最大4人までの奥さんを持つことができるそうだけど、家や贈り物、過ごす時間まで4人を同等にしないといけないんです。経済力はもちろんだけど、男としての器量がないと、4人の奥さんを幸せにするのは難しいものです。

先日、ある男性から、こんな相談を受けたんです。

「実は、好きな人ができて、つき合うことになったんです。だけど、ちょっと困ってまして……」

「おめでたい話だけど、どんな相談なのかな？」

「実は、私は妻がいます。彼女とも妻とも別れたくはないんです。どうすればいいんでしょう？」

「本来なら、そんな不貞《ふてい》なこと、やめた方がいいよって言うところだけど、私は言わないよ。それより、奥さんのことも彼女と同じくらい大切にしてあげてください。どちらも幸せにしてあげたらいいいんじゃないか？」

私のアドバイスを受けて、彼は奥さんも彼女もどちらも幸せにしようと努力しました。彼女との時間と同じように奥さんとの時間を大切にして、彼女と同じように奥さんにも高額なプレゼントをしてあげたそうです。

半年後、その後の経過を聞くと、まだ彼女とつき合っているとのこと。ただ、奥さんに優しく接することで、今まで気づかなかった感謝の気持ちが出てきたと言うんだね。

さらに半年、奥さんに疑われることはなかったけれど、彼女が急にお見合いし、突然別の男性と結婚。結局、ふられてしまったとのこと。

〝スゴく幸せな1年だった〟と彼女に言われたそうです。彼が奥さんも彼女も大切にした結果なんだよね。そしてね、この件で誰もイヤな思いはしなかったんです。

男はモテている方がいいに決まっている。でも、誰かを不幸せにしちゃいけないんです。

愛人をたくさん持てる人は、奥さんを含めて愛する人すべてを幸せにできる人。そういう度量がないなら、愛人は持っちゃいけないんだよ。

それで、結婚しても恋愛をしたいなら、奥さんを今よりもっともっとキレイにしてあげることだよ。奥さんを見ると、男の価値がわかるんです。

人の結婚や恋愛に口を出しちゃいけない

結婚ってね、百組いれば百通り、千組いれば千通りあるの。同じような夫婦関係ってありえないんです。

海には波が押し寄せるけど、この波の形は古代よりひと波、ひと波違うよね。夫婦の形もひと組ひと組違うんです。もちろん恋人関係も同じだよね。

だから、他人の夫婦のことに首を突っ込むのはよくないんです。

私もよく、結婚についての質問に答えるけど、これは私の考えであって、その通りやらなくてもいいの。本当は自分で考えて、自分で答えを探すべきなんです。なぜなら、夫婦に一般論なんてない。同じ夫婦は一組としていないのだから。

特に、不倫に対して口出しする人がいるよね。「不倫がダメだ」と言われているけど、出会ってしまえば、結婚していても妻以外の人を好きになることがある。これは「定《さだ》め」だから、仕方ないことなんです。だから、他人の恋に口を挟《はさ》まないこと。とやかく言ってはいけないよ。

先日、私のお弟子さんの柴村恵美子《しばむらえみこ》さんが、モデルの若い女性の相談に乗っていました。

「私はモテるので、彼が4人います。でも、1人の男性がやきもちを焼くので困っています。どうしたらいいでしょうか？」

という質問に、

「名前を間違ったりしちゃうから、2人くらいにしておけば？」

と恵美子さんは答えていたんだよ。

「モテる女の子なんだから、2人になんて絞れないよ。4人彼がいる時点で普通じゃないよね。だから、普通に答えちゃダメだよ。4人なんて言っていないで、

8人だって9人だって恋人を作っちゃえばいい」って私は言ったの。夫婦や恋人の関係に、一般論なんてないんです。相手がそれでいいと思ったら、いいんです。

親もそうだよ。「あんな子はよくない」「まだ恋人なんて早い」なんて口出ししないこと。どんな相手でも

「好きならつき合いなさい。イヤになったら別れればいい」って言ってあげるだけ。

好きなことをやらせてあげればいいの。

人は好きなことをすると、道が開けるようになっているんです。だから、人が「楽しい」「好きだ」と言っていることを邪魔しちゃいけないよ。

恋すれば、傷つくこともある、結婚すれば、辛いこともある。でも、その経験が魂の成長になるんです。

男と女、お互い高め合うことが大事

人間関係において、お互いが高め合っていくことが必要なんだよ。

男と女も、縁あっていっしょにいるんだから、高め合わないと意味がないよ。相手の悪口を言ったり、嫌味《いやみ》を言ったり、おとしめるようなことを言うようなら、別れた方がいい。

今は、離婚することに後ろめたさなんか、感じることはないからね。世の中、どんどんよくなると思うことです。そして、別れたら「もっといい人に出会える」っていい方にとらえるんです。

女はね、自分より上の男を好きになるもの。そして、出会ったときは上であっても、女が向上すれば、男は上でなくなる可能性もある。

例えば、山に登るとするよね。初めは低い山でも、高く感じるんです。ところが、低い山の頂上へ登ると、今度はもう少し高い山に登りたくなる。低い山に魅力を感じなくなるんです。そして、高い山を目指すよね。

いいなと思っていた男も、つき合ってみたら、もっといい男に魅力を感じる。これは自然なことなんです。

だからこそ、男も女に負けずに、向上しなくちゃいけない。向上しない男って、魅力ないよね。魅力がない男は、捨てられるよ。

自分の魂を成長させない男は、惚れられ続けることはできないんです。

「女は愛したい動物」だからね。魅力ある男には、お金は貢ぐし、献身的に尽くすんです。ただ、昔は女性がお金を稼ぐことが難しかった。だから、昔は男に養ってもらうことも考えて結婚していたんだよ。

でも、今は時代も変わったよね。

だんだん、仕事でも男とか、女とか関係なく働けるようになってきているでしょ？　ダンプカーに乗っている女性もいるし、看護師の男性もいる。これから専業主夫だって、増えていくと思うよ。

男女の境がなくなるのは、仕事だけではない。好きなことや挑戦したいことも男女同じになってきています。

それに、これからは、女性が大金を手にすることができる時代になるよ。すでに、はなゑちゃんをはじめ、銀座まるかんの女社長たちは、長者番付に名を連ねるくらいお金を稼いでいます。

お金を持てば、女性だってもっともっと好きなことが自由にできるようになっていく。男はうかうかしてはいられないよ。

男と女、お互いが自立して生きることです。そして、「好きなこと」を尊重することが大事なの。好きでやっていることを止めちゃいけない。

「好きなこと」「面白いこと」を増やしていくことこそが、幸せになれるカギなんです。

旦那が飲み会があると家を出ていったら、「楽しんできてね」と笑顔で送る、奥さんが習い事をしたいと言ったら「洗濯はオレがするから、がんばってきな」と声をかける。

そうやって、好きなことを応援し合う。これこそが、ステキな人間関係であり、いい結婚なんです。

第6章

〝家事をやる女があたり前〟の時代は終わった

舛岡はなゑ

今の時代、結婚しない選択もアリ

一人さんは、〝結婚は人生最大の修行〟と言っていましたが、私は「結婚」で修行はしたくない主義。どうせ修行するなら、大好きな仕事で人生を学びたいと思っています。

年々、未婚者が増えるのは、女性の社会進出や男性の非正規雇用の増加などが原因といわれていますが、それだけではない気がします。

私の考えですが、結婚に向いていない人が無理をして結婚しなくなった結果だと思うのです。私自身も、家事は好きではないし、料理も得意ではありません。結婚に向いていないと感じているひとりなので、よくわかります。

今の世の中、女性も仕事に遊びに、どんどん人生を楽しむ時代。江戸時代のように、男は仕事、女は家の中のことだけをするなんて、ナンセンスです。コンビニャレストラン、全自動洗濯機、全自動掃除機など、今では便利なものがいっぱいあるんです。

私は、家事はやらずに、好きなこと、好きな仕事に全力投球したいと思っています。

同じ考えの人が集まったのか、一人さんの弟子である「銀座まるかん」の社長さんたちも独身が多いんです。特に、女性陣は結婚していません。とにかく、仕事を馬車馬のようにやって、遊びも全力で楽しむ、強い女性たちの集まりです（笑）。


女性だけではなく、男性もあえて結婚しない人が増えているそう。

自分のために自分の時間を使いたい、稼いだお金は自分だけで使いたいという人も多いみたい。

また、仕事に専念したいという人も。パートナーに「いつ帰ってくるの？」「また出張に行くの？」って言われながら、仕事をするのは苦痛だという人は多いはず。独身なら出張も、転勤も気にせず、好きな仕事ができますよね。

昔のように〝家事をするのは女性〟という考えも薄れてきました。今や、料理や掃除が上手な女子力のある男性はたくさんいるでしょ？　家事をしてもらうためにお嫁さんをもらいたいという男性は、魅力的とはいえません。それを思うなら、どうしてもお世話をしたくなっちゃうような魅力いっぱいの男性になってほしいものです。

結婚にとらわれない生き方は、女性の働き方を大きく変えることができると思うんです。きちんと働いていけば、結婚しなくてもシングルマザーで子どもを育てることもできます。

女性は結婚していないことを卑下《ひげ》することはまったくありません。もう負け犬なんかではないのですよ。

何より、まず自分を大切にして、自分の好きなことを楽しむこと。面白いことをいっぱいやることが幸せへの道なのです。

やりたいことだけやってうまくいく

私は一人さんから、

苦手なことはしなくていいよ。
できないことは無理してやらなくていいんだよ。
自分にできないものは、自分にいらないものなんだよ。

って言われてきました。

人には誰しも、得意なことと苦手なことがあるものです。
私の場合は、前項でも書きましたが、洗濯や料理など家事全般が好きではありません。というか、やったことがありません（笑）。それでも、困ることは全くありませんでした。

その分、好きなこともたくさんありました。昔からメイクに興味があった私は、人にメイクをしてあげて、友人たちに喜ばれていました。メイクの仕方を研究したり、メイク用品の素材を調べたりするのも好きでした。

さらに、おしゃべりも大好き。人とコミュニケーションをとるのが得意で、人前で話すことにも抵抗はありませんでした。

こんな〝好き〟を生かして、今では、「銀座まるかん」でメイク用品の企画をしたり、「美開運メイクアーティスト」の養成や「ワクワク講演会」を毎月5〜6回、行っています。

得意なことしかしないで、しっかり稼いで暮らしています（笑）。

頼まれたことで、自分ができることはイヤがらずにやる。
でも、できないことを頼まれたら、見栄を張らずに「できない」って言う。
できそうなことなら、一生懸命やるだけ。

一人さんの名言です。できないことはしなくていい、その分、得意なことは全力投球することが大事なんです。

それに、自分の弱点こそ自分の強みにもなることを知っておいてください。例えば、一人さんは幼いころから病弱でした。だからこそ、健康には人一倍関心を持っていました。そして、自分のために作った健康食品を商品として売り始め、会社を起こし、ここまで大きくしていったのです。

コミュニケーションが苦手だったから、心理学を学び、カウンセラーになったという人もいます。子どものころ、入院生活を経験したから、看護師さんになったという人も。また、多くの人とうつの苦しみを共感したくて、うつの本を書いた人もいます。こんなふうに弱点をうまく活用して、仕事にしたり、社会に貢献することもできるのです。

得意なことを伸ばして、弱点を生かす。これが、やりたいことだけやって、成功するコツです。

冒険をして、ドキドキワクワクを実感する

男性はもちろんだけど、女性だって、冒険は必要です。これからの女性は、家にこもっていてはダメ。もっといろんなことにチャレンジしていいのです。そして男性は、外へ出ていく女性を応援しなくちゃいけません。

ドキドキワクワクがないと、人生ってつまらない。

と一人さんは教えてくれました。だって、食べて寝るだけなら、人生面白くないでしょ？　人間、何か刺激がないと、〝生きてる〟って充実感が湧《わ》かないものなのです。

ジェットコースターに乗るのも、山に登るのも、舞台で踊るのも、そう！　ドキドキワクワクしたいから挑戦するんです。鼓動《こどう》が高まる、この刺激が必要で

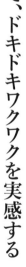

す。

「銀座まるかん」の仲間たちは、パーティが大好きです。これは、一つの冒険です。華やかな衣装を着て、美味しい料理を食べて、そして、余興《よきょう》で歌ったり踊ったりもするんです。日常とは違う場に行くと、思いっきり自分を発散することができます。それにね、パーティをすると、仲間との話題が増えて、いろんなアイデアが浮かぶんです。さらに新たな出会いがあり、仲間も増えていくんです。

恋だって、冒険ですよ。「あの人、私のことどう思っているかしら?」「デート3回目だから、手ぐらいつないでくれないかな」とか想像するだけでワクワクですよね。うまくいくかいかないか、スリルも味わえます。

それから、旅は最強の冒険です。見たこともない風景に出会い、会ったこともない人と出会い、食べたこともないものを食べる。ときには、怖いことや危険な目にも遭《あ》ったりして。旅での体験が今後の人生を左右することも多々あります。

さらに、仕事だって冒険なんです。お客さんがお店に入ってきて商品を手にとっただけで、ドキドキしたり、新しい商品がどのくらい売れるかワクワクしたり。仕事も楽しんでやれば、毎日働くのも苦痛にはならないはずです。

一人さんは、

冒険している人生は、短く感じるものなんだ。
楽しいことをやっていると、1時間が5分に感じちゃうんだよ。
すると55分間、年をとってないんだよね。
退屈してると、老けるけど、
冒険していると、若くてイキイキしたまま生きられるんだよ。

と言っています。

若さをキープするためにもドキドキワクワクは必要なのです。冒険をし続けること、それも新たな冒険に挑戦することが大切。まだ体験していないことに、ぜひチャレンジしてください。

女が一歩前進して、男を上げていく

男性の後ろを三歩下がって歩くような女性は、今やいません。男女雇用機会均等法以来、仕事でも男女平等になり、女性の上司も増えつつあります。家庭でもお財布は奥さんが握っていて、あらゆる商品は女性が選んでいるのです。そう、これからは、女性が経済を引っ張っていく時代なのです。

平成から令和の時代に移りました。平成を過ぎた今、「一歩女性が先を歩いて、男性を引き上げていく」時代になったのです。

ただね、一歩先行く女性は、いばったり、暴言を吐いたり、頭ごなしに命令したり、そんなことはしません。母のようなまなざしで、思いやりを持って、人と接していきます。

お互いマナー違反をしたり、約束を守れなかったら、冷静に注意する。相手を尊重しながら、自分がしてほしいことは、ちゃんと伝える。そして、母のように強くなって、リードしながら、男性のいいところを伸ばしてあげてください。

例えば、言葉をうまく使って、相手をほめてみてください。

仕事がうまくいかなくて落ち込んでいる人には「仕事に関して責任感があるのね」。

集中力がない人には、「いろいろなことに興味があっていいよね」。

細かいことにこだわり過ぎる人には「繊細なところが今の仕事に向いているのよ」ってね。

言葉のマジックで欠点を利点へ変えていけば、欠点などなくなってしまうのです。

日本って国はほめる人が少ないんだよ。

だから、ほめてくれる人は、貴重なんだ。

ほめてくれる人にみんなが会いたくなるんだよ。
ほめるだけで、人気者になれるんだ。

と一人さん。

大丈夫。あなたがほめれば、男性は自信がついて、明るく挑戦する人になっていきます。

ほめ方と同時に励まし方にもひと工夫しましょう。ついつい口に出てしまう「がんばって」は言わないように。がんばっているときに、追い打ちをかけるように「がんばって」と言われると、心が折れてしまうことがあるからです。

がんばっている人を励ましたいときは、
「あなた、本当にがんばっているよね。すごく感謝しているよ」
「今、あなたが大変なこと、よくわかっているよ。応援しているからね」
と言ってあげてください。

相手の気持ちを察《さつ》して言葉をかけたとき、あなたの女っぷりが格段に上がり、男の人を引き上げることができるんですよ。

相手を無理に変えることはできません。あなたができることは、自信を持たせることだけ。〝できる男〟にすることなのです。

ただし、甘やかして、相手の言いなりになってはダメですよ。わがままなダメ男になってしまうから。母の気持ちになって、きちんとしつけてくださいね（笑）。

第7章

お金に愛される男は女にも愛される

斎藤一人

お金も女のように大切に扱う

お金を持っている人を見ると、「悪い仕事をして得た汚いお金だ」とか、「旦那さんの遺産から増やしたあくどいお金だ」とか言う人がいるよね。でも、よく考えてみてください。お金には何の罪もない。罪があるとすれば、そのお金を得た人だよね。

だからね、お金を汚いものだと思っちゃいけない。逆に、尊くありがたいものだと思ったときに、運命は大きく変わるんです。まずはね、お金に感謝して、

「お金さん、ありがとう。大好きだよ」

と言ってお金を大事に使う。すると、お金は仲間を連れて戻ってくるんです。働いて通帳にお金が入ったら「私の元にやってきてくれてありがとう」、美味

しいものを食べてお金を払ったら「このお金で満腹になりました。ありがとう」、ってね。お金が欲しいなら、お金に感謝することから始めるべきです。

お金ってね、神様が人間に与えてくれた「便利な道具」なんです。なのに、「お金が欲しい」と言うと、なんか卑《いや》しく感じる人がいる。これがいけないんだよ。

「お金が好き」

「お金が欲しい」

と言ったら、お金の方も喜んでくれる。誰だって「好きだ」と言ってくれる人を好きになるものです。

これは恋愛といっしょなんです。好きだと言ってくれる女性を意識しない男はいない。お金も自分を好いてくれる人に、近づいていくんです。

つまり、男はお金を女性のように大切に扱うこと。「大好きだよ」と言って、優しくすれば、お金も女性も引き寄せることができるのです。

信じてもらえないかもしれないけど、これはホントの話。

私の場合、お金の価値を認めて、お金を大切に使ってきた。そして、お金を稼ぐことに欲を持った。この正当な欲を持つことで、お金を引き寄せ、お金持ちになったんです。

ただね、まずは神様に愛されるような「幸せな人」になることが先だよ。焦ることはない。幸せを手に入れた後で「お金持ちの道」を目指せばいいんです。

何億も稼ぐＩＴ社長とか、ハリウッド俳優やスポーツ選手とかは「お金持ちの道」を歩いているかもしれない。でも、あなたより幸せとは限らないよね。お金持ちになるから幸せなのではない。幸せは、お金のあるなしではないんです。


まずは、幸せになることだよ。

お金が欲しいなら、このことを覚えておくことだね。

お金を持っている人に「よかったね」って言うこと

お金を持とうと思ったら、お金に対する観念を変えることだよ。

例えば、あなたの友人が努力もしないで、大金を手にしたら、どう思うだろう？　また、能力もない、働きもしない親戚が、親から家を建ててもらったとしたら、これをどんなふうに感じるだろう？

お金を得た人に対し、「悔しい」「ズルい」と思ったら、お金はあなたのところにはやってこないんだよ。悔しいということは、「ゆるせない」ってことだよね。働きもしないで、苦労もしないで、お金が入ってくることがゆるせない。能力もないのに、不労所得を得た人に、嫉妬《しっと》しているんです。「自分はこんなに辛い仕事をしているのに、いい思いをしてゆるせない」「何もできないのに、あいつだけ豪華な家に住んでいるのがゆるせない」ってね。

これがさ、遠いアメリカの話なら気にも留めないいんだよね。また、知らない人なら、それほど悔しさも感じないいんです。

ところが、お金の悔しさって距離に比例するの。親戚とか、兄弟とか、隣の人とかね、身近な人が苦労せずにお金を手に入れたとき、本当に悔しいいんだよね。


まずは、この嫉妬をやめてごらん。そして、うまくお金を得た人に「よかったね」


って、言ってあげることです。

相手の幸せを喜んであげられる人を、神様は必ず見てくださっています。

そしてね、いいことを教えてあげよう。このように身近な人にいいことがあったということは、

「次は、君の番だよ。準備しておいて」という合図なの。

ここで、「よかったね。おめでとう」を言えた人には、同じような幸運がやってきます。

人の幸せを喜べないってことは、まだ準備が足りないという証拠。だから、悔しがったり、ねたんだりしているうちは、幸運は決して訪れないということなのです。

これは、お金に限らないよ。友だちに恋人ができたら「よかったね。私もうれしいよ」、同僚が仕事で成功したら「スゴい！　よくがんばったね。おめでとう」って、きちんと声に出して伝えてください。これだけで、あなたの運は急激に変わるんだよ。

「よかったね。おめでとう」のひと言で、男っぷり、女っぷりを上げることができるんです。

自分の価値を認めることで、お金も女も引き寄せられる

もう一つ、誰でもお金を持てる方法を教えよう。

「自分の価値を認める」ということだ。

みんな、自分に価値がないって思うから、仕事も恋もうまくいかなくなっちゃうんです。

自分に価値がないと思って、会社へ行くだろ？　すると、同僚からバカにされたり、上司から嫌味を言われたりするんです。つまり、自分に価値がないんだって思わせることが次々と起きちゃうんです。

反対に、自分に価値があると思うと、「やっぱりオレは価値がある」ってことが起こるの。

例えば、私が英語を習いに行くとするよね。もちろん、英語はできないんだよ。2日習ってみて、英語に向かないということがわかる。だから、海外に行くときは、英語がわかる人を連れていくか、通訳を雇うことになる。自分に価値があると思うとさ、無理して英語を習わなくても、通訳を雇えるような人になっちゃうんです。

ところが自分に自信がないヤツほど、2日であきらめないんだよ。がんばって英語をマスターしようとしちゃうんです。がんばってがんばって、それでもできなくて「オレはできない人間だ」って納得するんだよ。ダメな人間って、ダメな証拠集めをするんです。

さらに、英語を学ぶことに時間を費やして、他の得意なことを伸ばすことができなくなる。時間の無駄だよね。

自分が価値のある人間だと、思える〝いい方法〟があります。

「ツイている」って自分に言い聞かせるんです。

ツイてると思うのと、ツイてないと思うのでは、価値観が違うんだよ。何でも否定的にとらえてはいけないよ。ツイてると思っているヤツには、ツイてることがドンドン起きちゃうんだよ。

それにさ、誰だって「自分はツイていない」と言っている人間と、いっしょにいたくないだろ？　ツイている人といっしょにいたいものだよ。

恋愛だって同じ。女は「自分は価値がある」と思う男といっしょにいたいもの。だから、「自分は価値がある」と思っている私は、常に女にモテるの（笑）。

いいかい、人間は神様から命をいただいた、スゴい生き物なの。コンピューターにすると、地球の大きさに相当する有能な脳を持っているの。繊細なことができる手を持ち、二本で立つ足を持ち、他の生き物にない能力をいっぱいつけてもらっている。

神様は人間にスゴいものを与えてくれているんです。人間に生まれただけでスゴいんです。

それを自分は、「能力がない」「価値のないダメ人間だ」と思うと、神様は頭にくるんだよ。

与えた命を大事にしない人を神様だって応援したくはないんです。

できないことは、誰にでもある。できないことは、お願いしてやってもらうんです。全部できたら、面白くないだろ？　その代わり、できることを精いっぱいやればいいんです。

できないことは誰かに助けてもらって「ありがとう」と言う。できることは人一倍やって「ありがとう」と言われる。これが人間の生きる姿なんです。

まずね、「自分はツイてる」って言ってごらん。ツイているって思うだけで、運が向いてくるんです。

大金を持つためには、流れを止めない、出すものは出す

この章では、お金を得るためのセオリーを話してきたけど、今回は、大金を手に入れるために、必要な話をしてみよう。

まず、「お金がない」は禁句だよ。実はね、お金はいくらでもあるんだよ。今の世の中、「お金はない」と思っているようだけど、大金はあるんです。

私が何億稼いでいようと、いつも持ち歩いているワケにはいかないよね。基本的には、銀行に預けてある。そして預けたお金は銀行が貸し出しているんだよ。つまり、お金はくるくる回っている。これが「お金が流れる川」なんです。

この川の流れを自分の方へちょっと持っていく。これが必要なんです。

例えば、医療費は国が出しているだけで40兆円もある。このお金が毎年、ぐるぐる回っている川があるんだよ。この医療費で、全員病気が治っているワケでは

ないよね。医療費が増え続けているというのは、病院へ通う人が増えているということです。

人のためになる仕事を考えて、この川の流れを、少し自分のところへ持っていく。すると、喜ばれながらお金が入ってくるんです。

これは医療費に限らない。建築でも、教育でも、食品でもどんな業種でも同じこと。川の流れを変えれば、膨大にお金は入ってくるの。

人間の脳は怠け者なんです。新しい考えを嫌うの。今まで通りにやっていければ、ラクなんです。でも、大金を稼ごうと思ったら、「お金がある」と確信して、流れを変える方法を模索しなくちゃいけない。新たなことに挑戦しなくちゃいけないんです。

「今は、バブルのようにお金なんてないよ」と思うかもしれません。バブルのときは、回りがよかっただけ。その後も貿易収支は増え続けているんです。今は、川の流れが悪くなっている。それは、回りが足りないだけなんです。うまく回せば、川はもっと勢いよく流れます。

大金を持ちたいという野心があるなら、

「この世にお金はたくさんある」と思うことです。

さらに、大金を手にしたら、注意しておくことがあります。お金を得るだけではなく、出すものは出さなきゃダメだよ。つまりね、売り上げをごまかしたり、節税対策をしたりしてはいけない。出すのをイヤがれば、入ってくるものも入ってこなくなります。他力を味方につけられなくなるんです。

私が納税額日本一になったのも、税金をごまかさず、稼いだお金を世の中の役に立ててもらいたいと思っていたからです。税金を払わないような人は、一時的に金持ちになったとしても、それを維持することはできないんです。

また、上司になったり、社長になったり、上になればなるほど、下の人に気を配ることだよ。「自分が自分が」ではなく、人に花を持たせてあげるんです。自分ができることも部下にやらせて、「おまえスゴいな」って言ってあげる。そのくらいの器が必要です。

上司になったら、心のゆとりも大事。疲れているほど、まじめなことしか考えないだろ？　元気になってくると、面白いことを考えるんだよ。この面白いことこそ、アイデアを生む源なんです。

出すものは出して、常に面白く生きること。

これが、「大金を持って、維持する」ための秘訣《ひけつ》だよ。

第8章

自分を愛している女は他力を味方にできる

舛岡はなゑ

いい行動の積み重ねで神様から愛される女に

いい女性、魅力的な女性は、もちろん見た目だけよくてもダメですよ。多くの人から支持を集める女性って常に「いい行動」をとっているんです。他力を味方につけた女性は、日ごろからやっていることがあるんです。

「強い運や奇跡はね、ほんの小さな『いい行動』から始まるんだ。1回だけじゃ、運を手にすることはできないよ。少しずつ積み重ねていくことが大事なんです。

城を造るのだって、いきなり更地《さらち》から城はできないよね。基礎を工事し、骨組みをしっかり作り、柱や梁《はり》を組み立てて城ができていくんだ。

そして、石を積んで石垣で城を囲み、敵が城に入らないよう創意工夫をする。こうした地道な作業を積み重ねて、強固な城ができ上がっていく」

「いい行動」も地道な作業の積み重ねです。感謝する気持ち、人に優しくする心、謙虚な振る舞い……。こうした神様が喜んでくださる「いい行動」をきちんとやり続けることで、運が向いてくるんだよ。

って、一人さんは教えてくれました。

では、「いい行動」って、どんなことをいうのでしょう？　実は、そんなに難しいことではないんです。

例えば、スーパーで買い物をしたとします。今までは無言でカートの中のカゴを渡していたとしましょう。これからはレジの人に「お願いします」くらい声をかけてみてはどうでしょうか？　もう少し余裕があれば、おつりをもらったら、「ありがとうございます」とお礼を言ってみる。さらに、笑顔で会釈もしてみましょう。

こんなちょっとしたことからのスタートでいいのです。

天国言葉を使う、笑顔でいる、マナーを守る、相手の気持ちを察して声をかける、困っている人がいたら手を貸す……ちょっとしたいい行動が大事なんです。ほんの少しパワーが必要ですが、やってみると清々《すがすが》しい気持ちになるのです。

このほんの少しのパワーの原動力は、あなたの幸せな気持ちから、自然に生まれます。あなたが人生を楽しめば楽しむほど、このパワーは強くなるのです。

そして、自分が幸せになると、人にも幸せになってほしい、人にも幸せをわけてあげたいって、思うようになるんです。そのように、神様が私たちをおつくりになったのですから。

だから、一人さんは言うのです。

人は幸せになるために生まれた。
幸せになるのは権利ではない。
義務だ。

ってね。

そして、いい行動を重ねていけば、ちょっとしたステキな出来事が起こるはず。続けていくことで、強運という「大きな贈り物」をもらうことができるんです。

〝いい人の波動〟を受けることで自分の波動を上げる

「はなゑさんはいつも機嫌がよくて、華やかで、いっしょにいると元気になれるの。それに近くにいるだけで、心地よくて安心するの」

私は、多くの方にそう言っていただいています。

確かに、私はステキな仲間に囲まれ、いつも幸せな気持ちでいます。嫌いな人も近くに来ないし、イヤなことも起こらないから、常にご機嫌です。たとえ、イヤなことがあっても、いい方向に変えることができちゃうので、悪い気分を引きずることもありません。

「はなゑさんに会うとパワーが湧いて、楽しくなる」と、月に5～6回行われる講演会には大勢の方が遊びに来てくれます。

人生は〝波動〟だよ。

どんな親の元に生まれたか、どんな環境で育ったかはどうでもいいんだ。ただ、自分がどのくらい豊かな波動を出しているかで人生が決まるんだよ。

人生の幸せや成功というのは経済的に豊かになったり、社会的に成功した結果得られるものではないんだよ。

まず、波動が先。

豊かでワクワクした波動を出しているから幸せや成功を得られるの。人生は波動通りのことを引き寄せるから、どんな思いを出しているかが大切なんだ。

と一人さんは、常に波動の重要性を教えてくれています。

愛のある波動を出せば、愛のある人が集まってきます。逆に、貧しい波動を出すと貧しい現実を呼び起こすんです。

その波動を豊かにするには、どうすればいいかわかりますか？　もちろん「いい行動」をとることが何より必要ですが、もっと簡単に豊かな波動を出せる方法をお教えしましょう。

〝いい波動の人〟の近くにいけばいいんです。

いい波動の人に触れることで、そのパワーをいただくことができるのです。「共振《きょうしん》」と言って、好きな人に触れると、振り子のように同じような振動数になるのです。そして、同じ感覚、同じ感性を持つことができるようになるのです。

だから私は、最強のワクワクした波動を持った一人さんの近くにいて、パワーをいただいているワケです（笑）。一人さんにお会いして、たくさんお話を聞いて、一人さんの考えやアイデアに共鳴する。すると私自身も豊かな波動を出すことができるのです。

いい波動を出すと、考えられないようなひらめきやアイデアが浮かんで、自分が想像した以上の結果を生むことができます。いい波動の人の近くにいるだけで、引き寄せられるように自分も豊かな波動になっていくのです。

あなたも目的意識を持って、〝波動のいい人〟の近くに行ってみてはどうでしょう？　お金持ちになりたいなら、儲かっている社長の波動を浴びてみるとか、将来ダンサーになりたいなら、憧れのダンサーに習いに行くとか。ステキだと思う人の講演会やワークショップに行くのもいいでしょう。

豊かな波動、ステキな波動をいっぱいもらって、いい生き方まで真似してみることです。

今の自分をゆるせば、誰でもゆるすことができる

自分が好きになれない人は、なかなか魅力的な人にはなれないものです。

「美人じゃないから、男の人から好かれない」「おしゃれが苦手だから、目立つことができない」「いい学校に行っていないから、いい仕事に就《つ》けない」

こんな言い訳から、さよならしませんか？　女っぷりを上げるためには、もっともっと、自分を好きになってほしいのです。

あなたなら、できますよ。だって、あなたは私の本を選んでくれた、ステキな人なのだから。

今の自分を認めて、ダメ出しをせずに、優しくしてあげることです。

「毎日、会社へ行く私はスゴい！」「今日は新しい服を着て、とってもステキよ」

「よく働いて、いい成果を上げたから、今日は美味しいお酒を飲んでね」

こんなふうに、声をかけてあげてください。鏡に向かって、自分の顔に話しかけてもいいですね。あなたの一番の味方であるあなたが、自分をいっぱいほめてあげるのです。

それでも、なかなか自信を持てない場合もあるものです。人をうらやんだり、人をゆるせない気持ちになったり。

そんなときのために、必殺技をお教えしましょう。

「ゆるします」っていう魔法の言葉を自分に言ってみるのです。なぜなら、自分が嫌いな人に限って、「自分がゆるせない」と思っているから。

「失敗ばかりする自分がゆるせない」「優しくできない自分がゆるせない」「楽しく生きられない自分がゆるせない」

自分を否定する気持ちが強くて、自分もゆるせなくなっているんです。自分をゆるせないからこそ、他人までもゆるせないのです。

「ゆるす」という言葉の語源はね、「ゆるます」から来ているんだ。
「自分をゆるします、自分をゆるします」
そう言っていると、心がゆるまって、本当の自分自身を取り戻すことができるんだよ。
自分を認めてゆるしてあげるとね、他人もゆるせるようになるんだよ。

と一人さん。

自分を愛することができるようになると、他人にも優しくすることができるようになるんですね。自分が幸せな気分になったことがあれば、他の人も幸せな気分にさせてあげることができるのです。

ゆるせない人がいる自分や未熟な自分を「ゆるして」あげることですよ。自分に優しくすることで、今まで抑えつけられた思いを開放することができます。そして、どんな自分にもOKを出すことで、嫌いだった自分を好きになることができるのです。

「白光の剣」で悪い過去を切る

私の講演会では、イヤな人や、悪い思い出、辛い現実を「白光《はっこう》の剣《つるぎ》」を持って切ってしまう、そんなワークをしています。

悪口は言わない、人をうらんだりしない、そう思っていても、抑えきれないくらいの気持ちが出てくることもあります。

「もう、爆発しそう！」

そういうとき、相手に対してではなく、自分の中でスッキリと消化できる方法が「白光の剣」なのです。

「白光」とは、一人さんのところに幼いころから出てくる白い光の玉のことを指します。一人さんは、物ごころついたときから、「人間はなぜ生まれるのか」「なぜ死があるのか」「死んだ後はどうなるのか」という疑問を持っていました。近くにいる大人に聞いても、納得できる返事をもらえなかった。そんなとき、答えをくれたのが白い光の玉だったのです。この白光は、一人さんに疑問があるとやってきて、ことごとく難問を解決してくれたそうです。とても不思議な話で、信じるかどうかはあなた次第ですが、これは真実なのです。

そして、この白光が「幸せになるために」と教えてくれたのがこの言葉です。

自分を愛して、他人を愛します。
優しさと笑顔を絶やさず、
人の悪口は決して言いません。
長所をほめるように努めます。

一人さんは、これを「白光の誓い」として、私たち弟子に伝授してくれたのです。今でも、この誓いが私たちの原点になっています。

白光の剣では、「白光の誓い」を心の中で誓った後、イメージの中にある剣を持ち、暗い過去や辛い現実といった闇を消し払います。懺悔《ざんげ》したり、反省したり、悔やんだりする必要はないのです。ただ、ついてしまった闇を払うだけ。スゴくイヤなことなら、この剣で切ってしまってもいいんです。

なぜなら、この白光の剣は、最高の愛の光でできているから。

私が行っている「ワクワク講演会」のワークでは、イメージではなく、実際に光る剣を持って、見えない相手を思いきり切ってもらうんです。みなさん、心も体も軽くなるよう。そのスッキリ感に驚いていています（笑）。

「いつも小言を言う父親がイヤ。顔も見たくない」という人もいれば、「私をバカにする上司がゆるせない」という人もいます。

中には、

「私の大好きな趣味のフラダンスを邪魔する旦那。どうしてやりたいことをやっちゃいけないの？　好きなことを邪魔するあなたが大嫌い」と言って、剣を振り回している人もいました。

誰にも傷をつけることなく、誰も罪人にすることなく、自分のイヤな思いを解消できるステキな方法なのです。

そしてね、この闇は剣で消し去った後は、自分の都合のいい物語に変えてしまうのです。

「お父さんがピンクのヘンな薬を飲んだら、ただただ優しい人に変わっちゃった」

「大嫌いな上司が、転勤で地方に飛ばされたの。もう、気分はスッキリだわ」

「何と、旦那がお小遣いからフラダンスの衣装を買ってくれた。何ていい旦那様なの」

ってね。

不思議なことに、思っていれば、本当に現実になったりするんですよ。

「白光の剣」を使えば、明るく楽しく、過去を笑いながら塗り替えることができちゃうんです。

白光の剣で、イヤな気分でいる時間をなくしてしまうんです。

どんなときも、楽しくて、ワクワクして、面白いものにしていく。これこそが、幸せへの道です。

それができる人が、いつも上機嫌で女っぷり、男っぷりのいい、魅力的な人なのです。

一人さんが答えます！

女性から結婚に関する21の質問

Q.1 結婚相手のポイントは?

結婚相手を決めるため、どんなポイントがありますか?

人それぞれに違うんだよね。あなたにとって、どんなパートナーが必要かを見極めることが重要なんだよね。

経済力がないなら、きちんと仕事を持った男がいい。ストレスのある仕事をしているなら、心を癒《いや》してくれる人がいいよね。

自分が女医さんで、男を食べさせていけるくらい経済力があるなら、顔がいい男でも、家事をやってくれる優しい男でもいい。要は、今必要な人を選ぶことだよ。

まわりの人に意見を求めてもダメだよ。人それぞれ、事情が違うからね。

それとね、最終的にイヤなら別れていいの。昔は、世間的に離婚が悪いことのように思われていたけど、今は違うよ。いっしょにいたくなければ、別れればいい。そして、何度でもやり直していいんです。

間違いはあるんです。間違いは何度でも直せばいいの。離婚を恐れず、再婚を恐れず、ひとりでいることを恐れず。困ったことは起きないから、恐れず生きることです。

Q.2

いい結婚相手が見つからない

そろそろ30代。メイクやファッションにも手をかけて、自分磨きをしています。積極的に婚活しているのに、なかなかいい男性が見つかりません。いいアドバイスをください。

自分磨きをしていると言っているけど、相手から見てどうかってことなんだよね（笑）。自分だけではなく、男性がどういう女性が好きかも研究した方がいいね。

出会いの場に行っていると言うけど、結婚したいと思っている男性がいる集まりに行かないと、すぐには結婚できないしね。

結婚って修行だから。いろいろ工夫してみることです。

あたなと相性が悪い人が出てくれれば、自然と結婚しちゃうから大丈夫だよ。出てこなければ、今、修行の相手が近くにはいないってことだよ。

それからね、これが大事なんだけど、相手に幸せにしてもらおうと思っちゃいけないよ。相手を支配しようと思ってもダメ。

今、自分が幸せでいること。小さな幸せを感じているかということです。幸せな波動を出している人には、必ず幸せの波動を持った人が近づいてくるものだからね。

Q.3

同棲しているのに、なかなか彼からプロポーズしてくれない

同棲して2年になる彼がいます。結婚したいと思っているのに、彼がプ

ロポーズをしてくれません。また、自分からする勇気がありません。私からプロポーズしたら、彼はイヤがるでしょうか?


あなたからプロポーズしていいと思うよ。

同棲して2年でしょ?　勇気なんていらないよ。さらっと「結婚しない?」と言ってごらん。

それでね、プロポーズしてダメなら別れて、次に行った方がいいよ。あなたが結婚したいなら、早い方がいい。次に行くべきです。

もしあなたがプロポーズしにくいなら、それは相手がそういう雰囲気を出しているからかもしれない。あなたとは、違う波動だということだよ。そんな相手とはいっしょにいない方がいいね。

早いうちに、自分からプロポーズしてみることだね。勇気はいらないよ。

Q.4

いいプロポーズの言葉がありますか？

一人さんが考える「ステキなプロポーズ」ってありますか？いい言葉があったら教えてください。

結婚ってさ、「早く結婚して後悔するか」、「遅く結婚して後悔するか」なんだよ。いずれにしても後悔するものです（笑）。

ステキなプロポーズの前に、これからのことを考えた方がいいね。夢がないと言われそうだけど、現実は夢より面白い。

結婚は、修行の場だからね。プロポーズした後は、修行だということを忘れなければ、それでいいですよ。

いいプロポーズの言葉なんて、怖くて言えないよ。ご自由に、好きな言葉でプロポーズしてください。

Q.5

お金持ちの人と性格のいい人、どっちを選べばいい?

お金持ちのボンボンと、お金はないけれど誠実な人の２人からプロポーズされています。どちらを選べば幸せになれるでしょうか?

どちらを選んでも、結婚すれば同じように大変だよ。何度も言うけど、結婚って、精神的な修行なんです。きっと、あなたは一番苦労する方と結婚すると思うよ。

金持ちと結婚すれば、普通の生活とは違う苦労があるの。誠実な人だって、結婚したらどうなるかはわからない。

どちらの人と修行したいかで、決めた方がいいよ。

それからね、結婚して幸せになろうと思うのが間違いだよ。誰かに幸せにしてもらうことなんてできないんです。幸せは自分が感じるものだからね。

Q.6

彼の夢を叶《かな》えた方がいい？

いっしょに暮らす彼の夢は、ミュージシャンになることです。長いこと私は家計を支えて、彼の夢を応援してきましたが、最近疲れてきました。私はまだ夢を応援した方がいいのでしょうか？

彼の夢は叶わないと思うよ。たぶん。本当に叶わない。ただ、叶わなくてもこの人についていきたいっていうのが一番いいよね。

昔なら、苦労して苦労して、日の目を見るってこともあったの。でも、今は情報の時代だから、いい人材ならすぐに芽が出ているはずだよ。長くやってダメなら、ダメだよ。

特殊な才能って難しいんです。まじめに普通の仕事をする方がいいに決まっている。でも、叶わなくても、支えていくんだったら、それもあなたの人生だよ。

Q.7

お金持ちになりたいから、お金持ちと結婚したいというのは正解?

お金持ちの人と結婚して、お金持ちになりたいです。これは悪いことでしょうか?
お金持ちで性格もいい人と出会うにはどうしたらいいですか?

お金持ちになる一番早い方法は、お金持ちと結婚すること。これは、正解ですよ。間違いではない。男も女もお金持ちと結婚するのが一番早いよ。

では、お金持ちと結婚するには、どうすればいいか?　それは、あなたが魅力的になるしかないんだよ。だって、お金持ちはモテるからね。

このモテる男の人が、夢中になるような女性になるしかないんだ。簡単なことじゃないよ。魅力もないのに、お金持ちと結婚したいなんて、勉強しないのに東大に入りたいと言うのといっしょだよ。

お金持ちに見初められるためには、自分を磨かなきゃ。まずは見た目だよ。特に顔だな。スタイルより前に顔を見るからね。福相って言ってね、幸せになる相がある。

つやを出して、美しく化粧をすることです。キレイに化粧すれば梅沢富美男《うめざわとみお》だって、あんなに美しくなるんだよ。工夫次第では、大きく化けることができるの。化粧の方法って大事だよ。まずは、愛される顔になる工夫から始めてごらん。

Q.8

結婚のタイミングは？

結婚のタイミングってあるのでしょうか？
いつ結婚したら幸せになれるのでしょうか？

私自身は、結婚して幸せになった人というのを見たことがないんです（笑）。

でも、結婚は大変だからやめろって、いくら私が言っても、みんな結婚しちゃうんだよ。

結婚のタイミングは、生まれる前から決められた「定め」だからね。修行の相手と出会ったら、スイッチが入る。そして、声を聞くと瞬く間に恋に落ちて、結婚しちゃうんだよ。これは、誰も止められないんです。

タイミングは「定め」が決めているんです。結婚しない人は、〝しない〟と「定め」が決まっています。

この話は私の考えだから、信じなくてもいいけどね。でも、ホントの話です。

Q.9

ギャンブル好きの彼、結婚も考えているが……

今つき合っている彼はギャンブル好き。優しい人なので、結婚も考えているのですが、子どもができたりしたら、ギャンブルもやらなくなるのでしょうか？

優しいのはうわべだけだよ。本当にあなたが好きなら、ギャンブルに夢中にならないはずだよ。優しいフリをしているだけです。彼は、言葉だけ優しくて、行動が伴《ともな》わない人だよ。それに、ギャンブルは簡単にはやめられないよ。

もう一つ問題なのは、あなたはこの程度の男を見抜けないということ。ちょうどいいのがくっついて、修行しているということかな。

別れる気がないのならば、いい修行をしてください。二人でね。

Q.10

愛があれば何とかなる?

彼がフリーターで、お金がないので、親が結婚に反対しています。

私は愛があれば何とかなると思っています。

一人さんはどう思いますか?

今の日本なら、何とかなると思うよ。贅沢《ぜいたく》せずに、食べていくくらいなら、何とかなるよ。二人で仕事をしていけば、飢え死にすることはない。

きっとあなたも親になったとき、子どもがろくでもない人を連れてきたら、反対するんだよ。親子なんてそんなもの。代わりばんこに学んでいるんだよ。

〝飢え死にしないで、食うくらいなら、二人で生きていける〞と考えたら、日本っていい国だよね。

愛があれば何とかなる、私もそう思いますよ。

Q.11

夫といると辛くなり、ときどき離婚したくなる

主人の暴言に悩まされ、いっしょにいると辛くなることが多く、ときどき離婚を考えます。せっかく縁があって結婚しましたが、離婚を考えてもいいのでしょうか？

運命の人でもイヤになることはあるの。

運命の糸はね、「赤い糸」でできているんだけど、なぜ糸か知ってるかい？ 切れやすいから糸なんだよ（笑）。ロープとか、ワイヤーならなかなか切れないけど、糸は弱いからすぐ切れちゃうんだよね。

この糸は、お互いが相手のことを〝ゆるめ合う〟から、つながっています。ゆるめ合うとは、つまりゆるし合うことなんです。

糸だからね、引っ張り合ったら、すぐ切れちゃう。

離婚したいということは、この糸が切れかかっていることなんだね。まずは、あなたの方から糸をゆるめてみてください。ゆるめてみても耐えられないなら、別れるだけ。ゆるし合いができなくなったとき、糸は切れるんです。

もう、別れて自由になっていいんだよ。

Q.12

夫婦で楽しい修行をするには?

夫をほめると「バカにしている」と言われ、アドバイスすると「自分が正しいと思っているんだろう」と言われます。受け取り方がネガティブです。夫婦は最高の修行相手というけれど、楽しく修行をするにはどうすればいいのでしょうか?

あなたが旦那をほめた次の日に、「昨日、私はあなたのことをほめたよね。バカになんてしていないよ。素直に受け取ってくれないなんて、スゴく傷ついたのよ」って、伝えることです。ゆっくり、冷静に落ち着いて言うんだよ。

旦那の愚痴を、私に言っても解決はしないんです。もちろん、隣の奥さんに愚痴っても同じだよ。旦那本人に、イヤなことはイヤだと伝えないと、現状は変わらないよ。

そしてね、この伝え方が大事。怒らないように、ケンカにならないように、工夫するんです。優しい口調でゆっくり話すとか、「お願いがあるんだけど」「怒らないで聞いてね」って先に言ってから話すとか。そうやって、相手をイヤな気持ちにさせないよう研究することです。これが、修行なんです。

修行は我慢じゃないからね。どうすればケンカしないようになるか、どう言えば相手が楽しくなれるか、工夫していくことが大切なんだよ。

それでダメなら、離婚すればいいだけだよ。

Q.13

見栄っ張りの夫の性格を直したい

夫は見栄っ張りです。
家族や友人で集まるとすべての支払いをしてしまいます。
会社の飲み会でも威勢よくおごって、結局キャッシングしてしまい、
家計は火の車です。夫の経済感覚を考えると将来が不安です。

これは、旦那の問題って思っているけど、実は奥さんであるあなたの問題なん

です。あなたが面倒見がよくて、優しいから、旦那は調子に乗っているんです。あなたは、旦那をかまい過ぎるの。ダメ男には、ダメ男にさせてしまう奥さんがついている。

あなたが、自分は尽くし過ぎていないか、顧《かえり》みることが必要だよ。

そしてね、旦那さんは変わらないよ。解決方法は、二つだけ。

一つは、旦那と別れること。これなら旦那を変える必要はない。

もう一つは、あなたが旦那以上に働いて稼ぐこと。あなたが変わることだね。

ただ、今のままだと、あなたが稼いでも、また旦那に貢ぐだろうね。

「割れ鍋に閉じ蓋《ぶた》」って言って、見栄っ張りと世話焼きの夫婦は、そういう意味ではいい夫婦だと思います。大丈夫だよ。楽しく生活するくらいは、二人でできるはずだよ。飢え死にすることはないよ。

Q.14

暴力を振るう夫に困っている

暴力を振るわれることがあり、毎日が辛いです。主人は男尊女卑《だんそんじょひ》の考えを貫きたいようです。このままでいいのでしょうか?

どんな理由があれ、暴力はいけないことです。暴力は犯罪です。あなたがすることはただ一つ。「次に暴力振るったら、離婚だよ」って旦那に言うだけです。

ケンカしているときとか、お酒を飲んでいるときに言ってもダメだよ。お互いが冷静なときに言うんだよ。

今どき、男尊女卑なんてないからね。男尊とは、男が尊敬されるほど偉い人になるということで、暴力を振るうことではないんです。

仕事の代わりはないけど、旦那の代わりはいっぱいいるから。心配することはない。あなたが離婚をする覚悟を持つことです。

Q.15

夫が浮気性。離婚したいができないでいる

夫は浮気性で、離婚も考えますが、私ひとりで子どもを育てる自信がありません。私が我慢すればいいことだとは思ってはいますが、このままで幸せになれるでしょうか？

幸せって、〝自分が幸せ〟と思うことから生まれるんだよ。「ご飯が食べられて幸せ」とか、「子どもがいるだけで幸せ」とかね。だから、幸せのベクトルを下げていけば、幸せな気持ちにはなれるはずなんだよ。

それでね、これは旦那の問題じゃない、あなたの問題なんです。生活力がないとか、子どもを育てる自信がないとか言っているうちは、問題は解決できない。

このままではイヤなら、自分を変えることだよ。子どもを食べさせるだけの仕事を見つけるとか、実家に頼るとか、自分を変える勇気があれば何でもできるんです。どうするかは、あなたしか決められないんだよ。

Q.16

夫がいつも地獄言葉を言ってくる

私が、一人さんから教わった天国言葉を話していると、夫から「バカなことを言うな」と地獄言葉を山のように浴びせられます。こんな夫をどうすれば、いいでしょうか？

なめられているんだね。

「バカなこと言っている」と言われたら、「私の人生なんだから邪魔しないで。口を出さないで」ってきっちり言うべき。言わないとわからないからね。

他人が信じているものとか大事にしているものを否定しちゃいけないよ。お互いの魂の尊重だから、相手を傷つけるようなことを言っちゃいけないんです。ただし、魂の段階があって、傷つけられたら、がっちり傷つけ返すことも必要なんだよ。足を踏まれている人の痛みは、踏んでいる人にはわからないでしょ？　踏まれて初めて、痛みがわかる魂の段階があるんです。

それが過ぎてくると、だんだん上の解決策が出てくるんです。あなたの旦那は、まだ下の方の段階だよね。だから、とんでもないことを言うヤツには、とんでもないことを言い返さなきゃいけないいんです。「私のこと、なめないで！」って、ハッキリ言っていいよ。

それからね、私の意見が正しいというワケじゃないよ。あなたの解決方法が一番いい解決方法なの。楽しく解決しようと思ったら、あなたらしい方法が見つかるものだよ。

Q.17

幸せな夫婦を続けていくために大切なことは？

結婚したばかりです。いつまでも仲よく、幸せな結婚を続けていきたいと思っていますが、いい方法はありますか？

結婚したら幸せになれると思うのが間違いなんです。相手が幸せにしてくれると思っちゃいけないんです。

前にも言ったけど、「早く結婚して後悔するか」、「遅く結婚して後悔するか」どちらも後悔なんです。

稀《まれ》の稀にいい奥さんとか、いい旦那さんがいるんです。でも、そういう人はたいがい早死するんだよね。優しい人はストレスが多いからね。わがまま放題の人の方が、長生きするんです。まわりを見てみると、本当にそうだから。

相手を思い通りにしようとしちゃいけないんです。思い通りにされた方は、ストレスが溜まって病気になっちゃうんだよ。

生まれてきた環境が違うんだから仕方がないの。相手に期待しない、それだけで結婚は長続きすることができる。そして、修行をしていると思うことだよ。人間関係は修行です。「どうせ修行するなら、この人がいい」ってお互い思えば、いいんじゃないかな。

Q.18

夫の収入を増やすために、どんな努力をすればいいか?

夫はサラリーマンですが、もう少し収入アップさせてあげたいです。私にできることはありますか?

旦那のお給料を増やすことを考えるより、あなたが働いた方が早いよ。サラリーマンって、2万円お給料を増やすのだって大変なんです。でも、あなたが働けば、2万円なら2，3日働けば稼げるんじゃないかな？　パートでも、アルバイトでもいい、あなたができることをやってごらん。

増やしたいと思っている人が増やした方がいいよ。その方が早い。それにさ、働くのは、楽しいことだよ。

Q.19

本当にいい奥さんって？

夫のことは好きですし、いい奥さんになりたいと思っています。どういう奥さんがいい奥さんなのかお教えください。

叱ってくれる人だよ。お母さんみたいにね。会社行かなきゃダメだよとか、キレイにしなきゃダメだよって、おせっかい焼いてくれる、そんな奥さんが実はいい奥さんなんだよ。男は強い女に惚れるからね。

いい奥さんとは、強い女のことだから、弱くなっちゃいけないよ。今のまま、どんどん強くなっていいんです。

Q.20

夫が出世して忙しくなり、家のことをしてくれなくなった

夫が出世したのはうれしいのですが、以前のように子どもの面倒を見たり、家事をしたりしてくれなくなりました。イクメンだった夫の方が好きです。共働きで、私も夫の助けがなく、少々不満です。


まずは出世した旦那を、ほめて喜んであげようよ。「よかったね。おめでとう」って言ってあげるんです。出世したご主人に不満を持つなんて、いけないよ。

こういう人って、一生不満なんだよ。出世しなくても不満、子どもの世話をし

ても不満、何かイヤなことを見つけては不満を言いたがるんです。

あなただって、もし旦那に「仕事もしてほしいけど、家事は完璧にやってくれなきゃ困る」って言われたらイヤだろ？　自分が言われてイヤなことは言っちゃいけないんです。

まずは、自分の機嫌をとることだよ。子どもが寝たら、美味しいコーヒーとケーキを食べるとか、お給料日にブラウス1枚買おうとか、ね。楽しいことを考えたり、行動することで、不満はなくなっていくものです。

Q.21

息子がなかなか結婚しない

息子は40歳近くになります。趣味や仕事に忙しく、結婚する気配がありません。早く結婚させるにはどうしたらいいですか？

あの世で〝結婚しない〟って決めている人がいるんです。人はあの世に行くと、次に生まれ変わるためにシナリオを書くの。その中で、来世は結婚しない人生を生きると書く人もいます。あなたの息子は結婚しない「定め」の人なのかもしれない。だから、息子の心配なんてしなくていいよ。

息子も結婚したい、お母さんも結婚させたいって思っていても、あの世で結婚しないって決めてきているから、仕方がないんです。縁がないと思うことだよ。だから「いつするの？」「何でできないの？」って、息子を責めないことです。それよりも「私は、あなたのような優しい息子がいて幸せよ」って言うんです。世間にも「いい息子と長い間、いっしょにいられる私は、誰より幸せ」って言っておけばいい。本当のことなんだからね。

娘が結婚しないと悩む人も同じだよ。「誰かいい人はいないの？」「結婚しなくて大丈夫なの？」とか娘を問い詰めるのはやめな。まるで、いじめだよ。家に帰るたびに、こんなふうに言われては、帰るのがイヤになってしまうよ。

「あなたといっしょに暮らせて幸せ」「いい子どもを持ってよかった」って、愛のある言葉を子どもには伝えることです。どうせ、人の世は短いものです。いっしょにいられる時間は限られている。あなたは自分の子どもと長い時間が過ごせるだけ幸せなんです。

お母さんもそろそろ、大人になってください。

はなゑさんが答えます！

シングル女性からの20の質問

Q.1

美人ではないのですが、「いいこと」ありますか？

目が一重《ひとえ》で、美人ではない私。外見を整えるといいことはありますか？

もちろんいいことはありますよ。一人さんが言った言葉で名言があります。「地味な美人より、派手なブス」。地味な美人が選ばれるのは、映画やドラマの中だけ。現実は、顔立ちより華やかでおしゃれをしている人の勝ちです。

だから、顔立ちが整っていなくても、大丈夫。一重の目だって、メイク次第で可愛くなったり、二重風《ふたえ》にすることだってできます。

それにね、コンプレックスだと思っていることは、チャームポイントに変えることもできます。例えば、ミニスカートを世に広めたツイッギー。彼女は自分の細い身体が嫌いで、胸に詰め物をしたり、太ろうと無理に食べたりしていたそう。でも、細いというコンプレックスを強調して、個性的な服を着て人気者になりました。また、ジェニファー・ロペスも短所と思っていた大きいお尻を強調することで、多くの人を魅了。お尻の大きな女性を魅力的に変えてしまったのです。石原さとみの厚い唇だって、今では女子の憧れになっているでしょ？　短所を武器にして、自分を輝かせることもできるのです。
キレイになるために行動することですよ。私は、自分をキレイに整えて、運を手に入れた人をたくさん知っています。だから、あなたも悩む必要はありません。

Q.2
第一印象をよくするには？

残念な外見の私ですが、どんな点に気をつけたら第一印象がよくなるでしょうか？

「化粧でも、髪型でも、洋服でも、片っ端から直してごらん。いい方へ変えていくだけで魂は成長するよ」

と一人さんもアドバイスしています。

まずは、笑顔になることから始めてみてはどうでしょう？　口角を上げることで、シミやしわを隠すこともできるんです。そして、クリームを塗って、つやをプラスすれば、第一印象は絶対よくなります。

さらに、メイクの腕を上げることができれば、鬼に金棒です。特に、30歳を過ぎたら、メイクの腕がものをいいます。今の時代、60代でも70代でもメイク次第で、10歳も20歳も若く見られることができるんです。幸せに見える〝つや肌メイク術〟を学んでいれば、外見だけでなく心だって、若々しくいられるワケです。

今はYou Tubeで、メイクの方法を順序よく見られる動画があるでしょ？　こうした動画を見てメイクの研究をしてもいいと思います。もちろん、プロにメイクしてもらうのも一つの方法。私が提案する美開運メイクの施術《せじゅつ》を体験したり、「美開運メイク」の本を読んでいただいてもOKですよ。

この機会に、あなたが輝いて見えるメイク方法を見つけてみてください。

Q.3

男の人に好意を持たれる言葉とは?

外見にはちょっと自信があるのですが、コミュニケーション能力がなく、人間関係がうまくいきません。特に男の人と話すのが苦手です。男性に好意を持たれる言葉があれば知りたいです。

外見がキレイなら、黙っていたって男の人は寄ってきます。心配する必要はありません。

自分から話しかけられないなら、聞き上手、相槌上手になってみてはどう？「本当に？　スゴい」「それ面白いね！」「うんうん、そうだよね」など、相槌をうまく入れてみると話も弾みます。

自分から話すときは、天国言葉（28ページ）を使うことです。「あなたといると楽しい」「こんな出会いがあって、私はツイてる」こんなふうに天国言葉を組み合わせるだけ。でも、あなたなら、笑顔でいれば、黙っていてもOKですよ！

Q.4

栄養面で気をつけた方がいいことは？

身体の中からキレイになりたいのですが、栄養面で気をつけることはありますか？　はなゑ先生が日ごろ行っている健康法を教えてください。

私の場合は、とにかく何でもよく食べます。特に、たんぱく質は、意識して多く摂《と》ります。野菜と繊維質は、青汁などのサプリメントを活用。足りない栄養を補給しています。腸は肌の裏返し。たんぱく質と野菜は大切です。

ダイエットするからと、野菜ばかり食べたりしていませんか？　たんぱく質や炭水化物を抜いたりしてもダメ。身体が要求するものを適度に摂ることですよ。

また、最近では、水分を水で摂るように心がけています。体重50キロくらいなら、1日ペットボトル3本分が目安。混じりけのない水は肝臓にいいそうですよ。さらに、天然の上質なお塩を食事といっしょにいただくようにしています。

自然の恵みを正しくありがたくいただくことで、魅力はあふれるように出てくるものです。

Q.5

アクセサリーの上手な選び方を知りたい

アクセサリーをしたことがありません。つけ方のポイントを教えてください。

ネックレスとか、イヤリングとか、初めは小さめのものでOK。アクセサリーは魔よけにもなると言われているので、キラキラ光る物がおすすめです。金とか、ダイヤモンドとか本物でなくていいんです。慣れてきたら、華やかなもの、大ぶりなものも選ぶことができるようになっていきます。

ポイントとしては、色を統一すること。指輪がゴールドならネックレスやピアスもゴールドに、シルバーならシルバーに。色を揃えた方がスッキリ見えます。

また、洋服の色も3色までに抑えた方がバランスよくコーディネートできますよ。

少しずつでいいので、自分をステキに変えていってくださいね。

Q.6

外見を磨くための働き方とは?

働き方をどのように工夫すれば、外見をステキに見せられるでしょうか?

楽しく、イキイキ働いていれば、誰でもステキに見えます。どこの職場にも「あの人ステキだな」「カッコよく働いているな」と思える人がいるはずです。まわりに気遣いをする人、優しい言葉をかける人、誰も見ていなくてもゴミを整理する人……観察するとステキに働く人を見つけることができます。いいところを一つでもいいから真似てみることです。

もし、まわりにステキな人が誰もいないのだったら、これは絶好の〝チャンス〟です。だって、あなたが職場でピカイチのステキな人になれるんだもの。

まずは、笑顔とか、挨拶とか、天国言葉(28ページ)とか、あなたができることから始めてみましょう。

Q.7

太めだからか、バカにされている気がする

受付をしていますが、同僚はみんなスレンダー美人です。私だけ少し太めな体形なので、みんなにバカにされている気がします。

太めを気にしているようだけど、これは立派なチャームポイントです。メイクや髪型などに気を遣って、笑顔でいること。それだけで、十分です。

それに、スレンダーな人だけが男の人にモテると思ったら大きな間違い。ぽっちゃりした人が好みの男性は大勢います。アイドルグループだって、48人いれば、48タイプの子がいるでしょ？　美人だからって人気者になるとは限らない。むしろ個性的な子の方がトップになったりしています。特に、今の時代、太めがもてはやされているのです。太めのモデルやアイドルだっているほど。

スレンダー美人ばかりいる職場で、あなたのような、ぽっちゃり美人は目立つので、得なんです。今のまま堂々と働いてみてください。

「ぽっちゃり　魅力的　美人」と検索して、目指す人を探してみるのも一つのア

イデア。いいお手本が見つかれば、魅力も倍増しますよ。

Q.8

本命の人には好かれない

多くの男性に告白されるのですが、本当に好きな人にはアプローチもされません。妥協して、告白された人から彼を選ぶべきでしょうか？

あなたはモテる人でしょ？　だから、本命の彼に振り向かれないとしたら、彼があなたを〝高嶺《たかね》の花〟と思っているのかもしれない。もしくは、あなたが彼の前だけネコをかぶっていて、本当の魅力が伝わっていないのかも。男の人は、強い女の人が好きな場合が多いのよ。ありのままの自分を出すように心がけてみたらどうでしょう。

そしてまずは自分からアプローチ。彼をデートに誘ってみてください。思いきって告白してもいいでしょう。

ダメなら次。もっとステキな人を探せばいいんじゃない?「ふられたら次の人!」と前向きにとらえることです。深刻に考えないで、軽く考えること。あなたはたくさんの人からモテているんだもの。魅力的なのだと思います。もっと自信を持って!!

Q.9

ふられてしまい、落ち込んでいる

4年もつき合っていた彼にふられてしまいました。落ち込み過ぎで、3キロもやせて肌もボロボロ。なかなか立ち直れないでいます。

4年もつき合って、ふられるなんて、あなたは彼に合わせ過ぎたのね。言いなりになって、自分をありのままに出していなかったんじゃないかな?

相手に無理して合わせない、自分に合わせさせない。お互い尊重して思いやるのが正解です。男の人は、あまり尽くしてはダメなのです。お高くとまるワケではないけれど、自分を尊重することが大事。自分を尊重することは、わがままとは違いますよ。

まず、自分らしく生きることから始めてみてほしいです。そして、次に出会う人には、自分を飾ることなく、ありのままの自分でいられる人を選ぶべき。女は強い！　強くていいんです。それからね、おしゃれや自分磨きもかかさないでね。お肌がボロボロなんて、もってのほか。地球の半分は男性なんですから。ステキな恋をしてくださいね。

「別れても好きな人」じゃなくて「別れたら次の人」ですよ（笑）。

Q.10

遠距離恋愛は難しい？

22歳の学生です。つき合って8カ月の彼が2年間留学することになりました。遠距離恋愛は自信がありません。別れるべきでしょうか？

今、別れる必要はないんじゃないかな？　離れている間に、どちらかに好きな人ができたら、そのとき別れればいいと思いますよ。

彼がいない間に、勉強でも仕事でも趣味でも、やりたいことを精いっぱいやればいい。その間に得るものがあるかもしれないしね。また、ステキな人が現れれば、そのとき考えればいい。

縁があれば、また2年後につき合うこともあるかもしれないしね。まだ若いのだから、深刻に考えないことですよ。

Q.11

恋人の見つけ方がわからない

恋人は欲しいけど、恋する気持ちがよくわかりません。どうやったら、ステキな彼を見つけられるのでしょうか？

「恋とは心が変わると書くだろ？　恋をすると心まで変わるものなんだよ」と一

人さんが言っていたことがあります。

人は恋をすると、世界が一変してしまうのだそう。まだ、あなたは恋を経験したことがないのでしょう。

でも、無理に恋人を作らなくても大丈夫。恋愛系の映画を見たり、本を読んだり、まずは疑似恋愛をしてみるといいと思いますよ。主人公になりきることで、ワクワクする気持ちを実感すること。この「恋愛モード」こそ大事なんです。モードが切り替わったとき、きっと人を好きになれるはず。焦ることはありませんよ。

Q.12

いつも同じような人を選んでしまう

なぜか毎回、ギャンブル好きの彼を選んでしまいます。イケメンだし、性格もいいのですが、ギャンブルをすると人が変わるから、不安です。彼は私が止めてもギャンブルをやめようとしません。何か理由があるの

でしょうか?

同じような人を選んでしまうのは、因果《いんが》かもしれません。でも、あなたが本気でイヤだと思ったら、因果は切れます。

いつも〝ギャンブル好き〟を好きになるということは、あなたが〝ギャンブル好き〟をそんなに嫌いではないということです。もし、本当にイヤなら、初めからギャンブル好きを好きになりませんよね。また、あなたが〝絶対にイヤだ〟と決めないから、彼がギャンブルをしても別れないのです。

こうやって、あなたを悩ませること自体、彼は思いやりがなく、性格もいいとは言えません。このことで、あなたは何かの修行をしているのです。

〝ギャンブル好き〟がイヤなら、「私はギャンブルをする人は嫌いなの。そういう人とはつき合わない」と宣言しておくのです。タバコ、暴力も同様です。いずれも先にくぎを刺しておくこと。宣言しておけば、そういう男性は近寄ってこないか、やらなくなるかのどちらかです。もし、やったのなら、別れればいい。それだけです。

Q.13

亡くなってしまった恋人が忘れられない

結婚を約束していた恋人を事故で亡くしました。もう、７年も経つのに彼への思いを断ちきれません。

彼を忘れる必要はないと思います。思い出は大事にしておいてください。でもね、彼もあなたの幸せを願っていると思うの。あなたがいつも悲しい気持ちでいると、彼だって悲しむよ。向こうの世界は、こちらの世界とは感覚が違うんです。常に、相手の幸せだけを願っているものなのです。

何より、あなたが好きなこと、楽しいことをいっぱいやること。そして、小さな幸せに気づくことが大切です。あなたが悲しんでいると、彼だけでなく、まわりの人も悲しみます。

早く抜け出して、「私は今、幸せだよ」って、彼に伝えてあげてください。この言葉が何よりのご供養になるのです。

Q.14

結婚している人を好きになってしまった

職場で仕事ができるイケメンの上司を好きになってしまいました。結婚していることを知らずに、つき合ってしまい悩んでいます。別れるべきでしょうか？

結婚していることを知らなかったというのはどうかと思いますが、結婚している、していないにかかわらず、惹かれ合い、好きになるのは「定め」なので、止められないこと。ただし、その後、まわりはどうあれ、幸せなのか、そうじゃないのかが問題なのです。

あなたが幸せなら続ければいい、あなたが苦しいなら別れるべきです。答えは、あなた次第です。

Q.15

仕事と彼、どっちが大事？

30代に入り、主任として仕事を任されるようになりました。恋人はいますが、彼とのデートの約束もできないほど忙しいです。彼は好きですが、今は仕事が大事ですし、責任もあります。「オレと仕事どっちが大事なんだよ」って言われてしまう始末。こんな私は間違っていますか？

間違っていないですよ。その通り！　仕事は大事です。それに、あなたが今、やりがいを感じているならその仕事をやった方がいい。「仕事もあなたも両方大事。でも、今は仕事をやりたいの」と伝えたらどうでしょう？

これからは、女性もバリバリ仕事をしていく時代。だから、「大変だね。がんばりな」って応援してくれる男性を選ぶべきなんです。

あなたは仕事をして、魂がランクアップしているのです。だから、つき合う男性もランクアップしてもらわないとね。

Q.16

結婚したくない私

好きな仕事を持ち、趣味もいっぱいあり、仲間にも恵まれています。子どもも苦手で、育てる自信もないので、今のところ結婚したいと思っていません。なのに、両親はうるさく「結婚しろ」と言ってきます。どう対処すればいいですか？

自分の人生なんだもの、親に言われて結婚するなんてナンセンスです。よく考えてみて。親が右を向けと言ったら右を向く？　親が物を盗めと言ったら、盗む？　親の指示通りにはならないでしょ？

あなたが今、結婚したくないのなら、その思いの通りに生きてください。両親には、「今、ひとりでいてすごく幸せなので、結婚するつもりはないの」「お父さん、お母さん、そんなに結婚っていいものなの？　私にはまだそのよさがわからないんだ」と言っておけばいいのです。

何よりあなたが幸せならば、それでいいのです。親は子どもの人生に干渉してはいけないのです。

そして、もし結婚したくなれば、すればいいんです。

Q.17

友だちが結婚し始めて、不安になる

28歳になり、まわりの友人が次々と結婚しています。私は恋人もなく、だんだん不安になってきました。婚活をした方がいいでしょうか？

確かに友人が結婚していくと、その友人たちと会う機会も減りますよね。でも、不安になることは何もありません。

あなたが好きなことをして、幸せな気持ちでいること。そして、まだ結婚したくないのなら、新たな友人を作ればいいだけ。仕事を懸命にすれば仕事仲間を作ることもできるし、趣味を広げて意気投合できる新しい仲間を作ることもできます。

もちろん、結婚したいなら、婚活パーティに行くとか、友だちに紹介してもらうとか、行動に移してみるといいでしょう。でもね、結婚は「人生で一番辛い修行」（笑）だから、急がなくてもいいと思うよ。たいして結婚したくもないのに、結婚してしまうことの方が、私としては怖いです。

Q.18

娘の恋人が心配

20歳の娘の恋人は、かなりやんちゃで、遊び人のよう。娘の帰宅時間もデートのたびに遅くなります。とても心配です。

心配というのは、信じていないということ。自分の娘を信じてあげましょう。あまり、うるさく言うと、余計帰ってきませんよ。「あなたは、ちゃんと考えて行動していると思うから、お母さんは何も言わないからね」とだけ言って、あとは信じて放っておきましょう。

20歳なのだし、もう大人です。今の時代、たくさんの男性とつき合っている方が経験豊富でよかったりもします。今や女の子が遊ばれているという感覚は古いのです。

干渉したり、口出しすると、イヤがられたりします。今は、ただ見守ってあげてくださいね。

だいたい、あなたも20歳の頃は、彼氏と遊びたかったでしょ？　いつの間に、つまらない大人になっちゃったの？

Q.19

アイドルが好き。家族にバカにされるが

30歳過ぎて、シングルです。今になって、アイドルにはまっています。家族にバカにされていますが、私はおかしいでしょうか？

あなたは、おかしくありません。ちゃんと自分のお金でライブに出かけているのだから、誰に責められることもありません。

ライブってすごくいいいと思うよ。私も韓流アイドルが大好きで、ライブにも度々《たびたび》足を運んでいます。そして、彼らからパワーと元気をめちゃめちゃいただいています！　ドキドキワクワクがたくさんもらえるんだもの。好きなことはやるべきです。

「今になって」って言うけど、一生ライブに行かない人生なんてナンセンス。夢中になれるものができて、本当によかったのです。70歳になっても、80歳になっても、ライブを楽しんでください。

結婚しても、しなくても、人生楽しめば、どちらでもいいのです。

Q.20

恋をするってどんなこと?

40代になりました。もう5年も恋人がいなくて、恋をする気持ちも忘れています。でも、パートナーがいる人を見るとうらやましくも感じます。

こんな私にも恋人はできるでしょうか?

まずは「恋愛モード」に自分を変えてみましょう。読書をしたり、ドラマや映画、舞台を見たりして、いろんな恋を体験してください。妄想《もうそう》をして、疑似恋愛をしてみるのも楽しい方法です。

今までしてこなかったことをひとりでやってみるというのもいいですね。ピンクの服でも買って、知らない街のバーに入ってみるとか。そんなワクワクの冒険から始めてみてはどうでしょう?

40代はまだまだ若い。恋も遊びも仕事も楽しめる年齢です。メイクもおしゃれも手を抜かないで、キレイでいることを忘れないでくださいね。

おわりに

一人さんこと、斎藤一人です。
この本を最後まで読んでいただき、感謝いたします。

いい人生、幸せな人生を送るためには、
魅力的な人間にならなくてはいけない。
みんなが慕う、多くの人が憧れるような存在に、ね。
魅力的な人間、ステキな人間って「価値」があるんですよ。
この価値があれば、必ず成功するんです。

私たちは、この世に修行をするためにやって来たんです。
修行の中でも「人間関係」の修行が最も辛い。

ただ、魅力的な人間になるために、人間関係の修行は必須です。
どうせ修行をするなら、楽しくやりたい、さらに、面白く修行をしたいよね。

この本の中で、魅力的な男、ステキな女になるために、楽しくできる、面白くできる修行方法を綴《つづ》っています。

私を信じて、
実践するか、しないかは、あなたは次第です。

あなたの人生に、よきことが雪崩《なだれ》のごとく起きます。

愛を込めて
斎藤一人

斎藤一人さんの
お弟子さんのブログサイト

◆柴村恵美子さんブログ
「斎藤一人 一番弟子 柴村恵美子公式ブログ」
https://ameblo.jp/tuiteru-emiko/

◆みっちゃん先生ブログ
「みっちゃん先生公式ブログ」
http://mitchansensei.jugem.jp

◆宮本真由美さんブログ
「斎藤一人・宮本真由美 芸能人より目立つ!!
365日モテモテ♥コーディネート♪」
https://ameblo.jp/mm4900/

◆千葉純一さんブログ
「斎藤一人 弟子 千葉純一」
https://ameblo.jp/chiba4900/

◆宇野信行さんブログ
「のぶちゃんの絵日記」
https://ameblo.jp/nobuyuki4499

◆尾形幸弘さんブログ
「いつも顔晴る笑顔が一番」
https://ameblo.jp/mukarayu-ogata/

一人さんが
素晴らしい波動を
入れてくださった絵が、
宮城県の定義山 西方寺に
飾られています。

仙台市青葉区大倉字上下1　Kids'Space　龍の間

勢至菩薩様は みっちゃん先生を イメージ

聡明に物事を判断し、冷静に考える力、智慧とやさしさをイメージして描かれました。寄り添う龍は、『緑龍』。地球に根を張る樹木のように、その地を守り、成長、発展を手助けしてくれる龍のイメージで描かれています。

阿弥陀如来様は 一人さんの イメージ

海のように全てを受け入れる深い愛と、全てを浄化して癒すというイメージです。又、阿弥陀様は海を渡られて来たということでこのような画になりました。寄り添う龍は、豊かさを運んで下さる『八大龍王様』が描かれています。

観音菩薩様は はなゑ社長の イメージ

慈悲深く力強くもある優しい愛で人々を救って下さるイメージです。寄り添う龍は、溢れる愛と生きる力強さ、エネルギーのある『桃龍』が描かれています。愛を与える力、誕生、感謝の心を運んでくれる龍です。

斎藤一人（さいとう・ひとり）

東京生まれ。実業家・著述家。ダイエット食品「スリムドカン」などのヒット商品で知られる化粧品・健康食品会社「銀座まるかん」の創設者。1993年以来、全国高額納税者番付12年間連続6位以内にランクインし、2003年には日本一になる。土地売買や株式公開などによる高額納税者が多い中、事業所得だけで多額の納税をしている人物として注目を集めた。高額納税者の発表が取りやめになった今でも、着実に業績を上げている。また、著者としても「心の楽しさと経済的豊かさを両立させる」ための本を多数出版している。『眼力』（サンマーク出版）『強運』（PHP研究所）『一日一語』（ぴあ）『仕事と人生』（SBクリエイティブ）、『斎藤一人　人生がすべてうまくいく〝魂〟の成長』（プレジデント社）、『斎藤一人　神的　まぁいいか』（マキノ出版）など著書は多数。

[さいとうひとり公式ブログ]
https://ameblo.jp/saitou-hitori-official

[斎藤一人公式ツイッター]
https://twitter.com/O4Wr8uAizHerEWj

※左のQRコードを読み込むか、上のURLからアクセスできます。
ぜひフォローしてください。

舛岡はなゑ（ますおか・はなえ）

東京都江戸川区生まれ。実業家。斎藤一人さんの名代で、愛弟子の一人。病院の臨床検査技師を経て、喫茶店「十夢想家」を開く。偶然、来店した一人さんから「精神的な成功法則」と「実践的な成功法則」の両方を学び、その後女性実業家として大成功を収める。東京都江戸川区の長者番付の常連に。現在、「妄想ワーク」、「美開運メイク」など、全国での講演活動も行っている。著書に、『斎藤一人 しあわせになれる魔法のルール』（学研パブリッシング）『斎藤一人 この先、結婚しなくてもズルいくらい幸せになる方法』（祥伝社）、一人さんとの共著に『斎藤一人　龍が味方する生き方』（マキノ出版）などがある。

[舛岡はなゑ公式ブログ]https://ameblo.jp/tsuki-4978/
[インスタグラム]https://www.instagram.com/masuoka_hanae

YouTube
はなちゃんねる

舛岡はなゑ
オフィシャルサイト

本書は、2018年9月、ぴあから単行本で刊行された
『斎藤一人　男を上げる女　女を上げる男』を文庫化したものです。

祥伝社黄金文庫

斎藤一人《さいとうひとり》 男《おとこ》を上《あ》げる女《おんな》 女《おんな》を上《あ》げる男《おとこ》

令和 2 年 10 月 20 日　初版第 1 刷発行

著　者　斎藤一人《さいとうひとり》 舛岡《ますおか》はなゑ
発行者　辻　浩明
発行所　祥伝社《しょうでんしゃ》
〒101－8701
東京都千代田区神田神保町 3－3
電話　03（3265）2084（編集部）
電話　03（3265）2081（販売部）
電話　03（3265）3622（業務部）
www.shodensha.co.jp
印刷所　萩原印刷
製本所　ナショナル製本

 ISBN978-4-396-31791-1 C0195